6～8岁

儿童青少年
体质健康测试达标
教学与训练指南

王雄 ▸ 主编

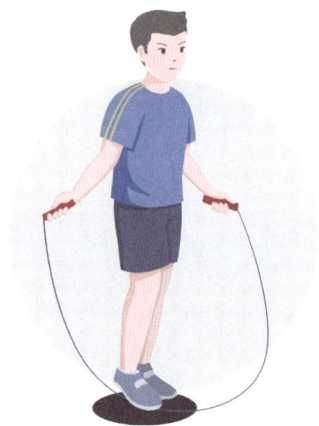

人 民 邮 电 出 版 社
北 京

图书在版编目（CIP）数据

儿童青少年体质健康测试达标教学与训练指南. 6~8
岁 / 王雄主编. -- 北京 : 人民邮电出版社，2022.3
ISBN 978-7-115-57760-3

Ⅰ．①儿… Ⅱ．①王… Ⅲ．①儿童－体能－身体训练
－指南 Ⅳ．①G808.17-62

中国版本图书馆CIP数据核字(2021)第221252号

免责声明

本书内容旨在为大众提供有用的信息。所有材料（包括文本、图形和图像）仅供参考，不能替代医疗诊断、建议、治疗或来自专业人士的意见。所有读者在需要医疗或其他专业协助时，均应向专业的医疗保健机构或医生进行咨询。作者和出版商都已尽可能确保本书技术上的准确性以及合理性，并特别声明，不会承担由于使用本出版物中的材料而遭受的任何损伤所直接或间接产生的与个人或团体相关的一切责任、损失或风险。

内 容 提 要

本书紧紧围绕6～8岁儿童在进行体质健康测试训练时存在的实际问题，提供切实可行、简单易学的解决方案。本书首先概述体质健康测试的意义，解读6～8岁儿童体质健康测试的项目和标准，阐述他们的身心发展特点和训练注意事项；接着针对6～8岁儿童的各项测试（BMI、肺活量、50米跑、坐位体前屈和1分钟跳绳），系统、详细地介绍测试的意义、影响因素、规则、要点、典型问题与解决建议、注意事项，以及有助于提升测试成绩的推荐练习；最后提供以2周为进阶周期的全学年训练计划，小学教师、儿童体能教练和家长均可参考或直接使用。

- ◆ 主　　编　王　雄
  责任编辑　王若璇
  责任印制　马振武

- ◆ 人民邮电出版社出版发行　　北京市丰台区成寿寺路 11 号
  邮编　100164　电子邮件　315@ptpress.com.cn
  网址　https://www.ptpress.com.cn
  北京瑞禾彩色印刷有限公司印刷

- ◆ 开本：700×1000　1/16
  印张：11.5　　　　　　　2022 年 3 月第 1 版
  字数：317 千字　　　　　2022 年 3 月北京第 1 次印刷

定价：58.00 元

读者服务热线：(010) 81055296　印装质量热线：(010) 81055316
反盗版热线：(010) 81055315
广告经营许可证：京东市监广登字 20170147 号

编委会

主编　　王雄

编委　　崔雪原、付子艺、王若璇、李潇爽、赵芮、刘也、朱昌宇、何璘瑄、
徐凌、宋俊辰、王晓斐、索冉、周涛

专家顾问成员

张　冰——清华大学体育与健康科学研究中心主任，教授，博士生导师

闫　琪——国家体育总局体育科学研究所研究员，奥运金牌运动员体能教练

徐建方——国家体育总局体育科学研究所国民体质与科学健身研究中心主任，研
究员

孙　伟——北京教育科学研究院基础教育教学研究中心课外活动教研室主任

高志清——北京市体育科学研究所副所长，研究员，北京市体育科学学会副秘书长

张欣欣——北京市史家小学副校长，北京市骨干教师，国培计划小学体育骨干教
师培训导师

李　波——北京市东城区教育科学研究院体育教研员，北京市骨干教师，北京市
东城区教学指导委员会体育学科主任

冯　娟——国家体育总局训练局青少年俱乐部田径、体能训练专家，高级教练

姜天赐——中国儿童中心教育活动部副部长，儿童体育兴趣培养专家

彭庆文——怀化学院体育与健康学院院长，教授，幼儿体育活动研究专家

黄　波——华南师范大学体育学院副院长，教授，广东省学生体育艺术联合会游
泳分会秘书长

惠若琪——排球奥运冠军，惠基金发起人，元气排球发起人

范忆琳——体操世界冠军，范忆琳体操俱乐部创始人

陈凤林——广州市第一中学体育教师，高级教师（体育），广州市名教师工作室
负责人，广州市荔湾区体教结合篮球项目总教练

韩　军——深圳市华丽小学校长，深圳市督学，中国青少年近视防控"慧眼工程"创始人

王宝华——北京市板厂小学副校长，高级教师（体育）

张　旎——北京市十一中学一级体育教师，艺术体操国家一级运动员

吴永新——北京市培新小学体育教师，全国田径中级教练员

卢钦龙——北京市培新小学科研主任、高级教师（体育）、北京市东城区体育学科带头人

彭永胜——北京市育英学校教师，校游泳队总教练，游泳国家一级裁判

董　琦——北京邮电大学体育部副教授，博士，青少年游泳体能训练专家

孙士家——"家源学苑"创始人，"心源家长学堂"公益性家庭教育在线指导平台发起人

谭廷信——华南师范大学科教体育教研组原组长，"惠运动"数字体育平台发起人，惠考中考体育发起人

吴　东——能量学院儿童体能培训机构创始人、首席技术官

刘　派——优思博儿童体育创始人，儿童教研专家

Ken Vick——美国VSP运动表现机构首席专家，美国青少年Spark课程项目技术顾问

Randy Huntington——美国著名田径教练，现中国国家田径队苏炳添等重点队员主教练

图片说明

动作演示模特　国家体育总局训练局青少年俱乐部成员（拍摄时）：刘子墨、付晨雨、
张凯鑫、张梓葳、吴浚豪

动作指导　国家体育总局训练局体能康复中心体能训练师：沈兆喆、崔雪原

内文图片　人民邮电出版社有限公司版权所有

内文图片制作团队　北京灌木文化发展有限责任公司

封面照片　摄图·新视界授权使用

在线视频访问说明

本书提供了推荐练习的在线视频，可通过微信"扫一扫"，扫描每章第1页或本页的二维码进行观看。

● 步骤1

点击微信聊天界面右上角的"+"，弹出功能菜单（图1）。

● 步骤2

点击弹出的功能菜单上的"扫一扫"，进入该功能界面，扫描每章第1页或右侧的二维码。

● 步骤3

如果您未关注微信公众号"人邮体育"，扫描后会出现"人邮体育"的二维码。请根据说明关注"人邮体育"，并点击"资源详情"（图2），观看视频（图3）。如果您已关注微信公众号"人邮体育"，扫描后可直接观看视频（图3）。

图1

图2

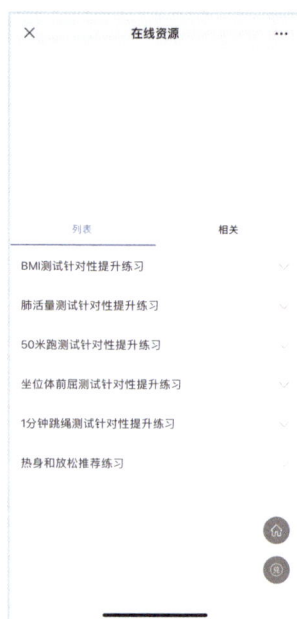

图3

目录

第 5 章　坐位体前屈测试

第 6 章　1 分钟跳绳测试

第 7 章　针对性提升训练方案

CHAPTER

第 **1** 章

认识体质健康测试

1.1 《国家学生体质健康标准》概述 [1]

《学生体质健康标准》于2002年试行，2007年修改和完善后正式更名为《国家学生体质健康标准》，2014年针对存在的突出问题进行了再次修订，形成了现行的《国家学生体质健康标准（2014年修订）》（以下简称《标准》）。《标准》从身体形态、身体机能和身体素质等方面综合评定学生的体质健康水平，已经成为各学校开展体育教育工作的重要指导性文件。《标准》要求各学校每学年开展覆盖本校各年级学生的测试工作，这些测试也成为大多数学校体育课考试不可或缺的一部分。

《标准》开篇就明确指出了其所具有的重要意义：《标准》是国家学校教育工作的基础性指导文件和教育质量基本标准；评价学生综合素质、评估学校工作和衡量各地教育发展的重要依据；《国家体育锻炼标准》在学校的具体实施；促进学生体质健康发展、激励学生积极进行身体锻炼的教育手段；国家学生发展核心素养体系和学业质量标准的重要组成部分；学生体质健康的个体评价标准。

接下来，《标准》明确了其适用对象和组别划分。《标准》的适用对象为全日制普通小学、初中、普通高中、中等职业学校、普通高等学校的学生。适用对象被划分为以下组别：小学、初中、高中的每个年级为一组，其中小学为6组、初中为3组、高中为3组；大学一、二年级为一组，三、四年级为一组。

《标准》还说明了各个组别的测试项目及评分标准。测试项目的选择充分考虑了学生生长发育的阶段性特征和身体素质发展的敏感期，评分标准则在参阅《国家体育锻炼标准》和部分省、自治区、直辖市"高中体育会考标准"等标准的基础上，根据我国学生体质健康的实际水平，采用百分位数、分段累进计分法等统计方法得出[2]。小学、初中、高中、大学各组别的测试指标均为必测指标。其中，身体形态类中的身高、体重，身体机能类中的肺活量，以及身体素质类中的50米跑、坐位体前屈为各年级学生共性指标。6~8岁儿童多为一、二年级学生。一、二年级学生体质健康测试项目及评分标准详见第4~9页。

各年级学生共性指标

身体形态 01	身体机能 02	身体素质 03
身高 体重	肺活量	50米跑 坐位体前屈

第一章 认识体质健康测试

《标准》也对测试的学年总分的计算方法和等级评定标准做出了规定。学年总分为标准分与附加分之和，满分为120分。标准分为各单项指标得分与权重乘积之和，满分为100分。附加分根据实际测试成绩确定，即对成绩超过100分的加分指标进行加分，满分为20分；小学的加分指标为1分钟跳绳，加分上限为20分；初中、高中和大学的加分指标为男生引体向上和1000米跑，女生1分钟仰卧起坐和800米跑，各指标的加分上限均为10分。根据学生学年总分评定等级，等级评定标准：90.0分及以上为优秀，80.0～89.9分为良好，60.0～79.9分为及格，59.9分及以下为不及格。

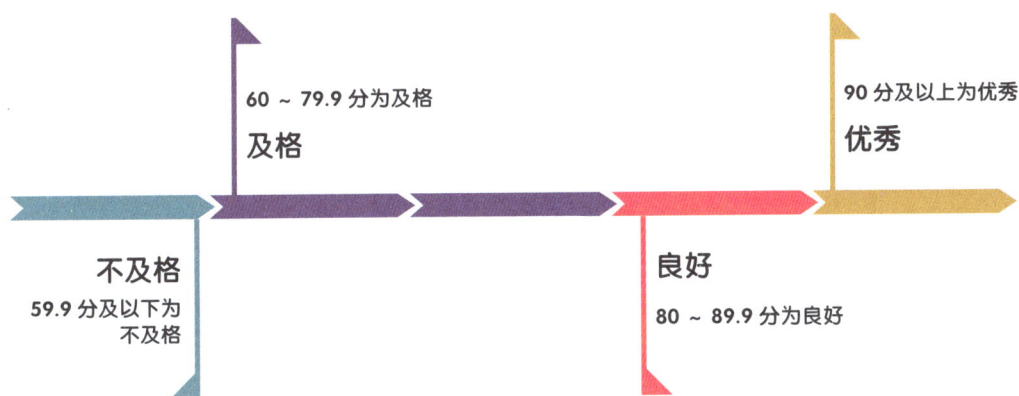

60～79.9分为及格

及格

90分及以上为优秀

优秀

不及格

59.9分及以下为
不及格

良好

80～89.9分为良好

　　《标准》同时指出了测试的学年总分对学生的重要影响。在每学年，学生测试成绩评定达到良好及以上者，方可参加评优与评奖；成绩达到优秀者，方可获体育奖学分。测试成绩评定不及格者，在本学年度准予补测一次，若补测仍不及格，则其该学年成绩评定为不及格。学生毕业时的成绩和等级，按毕业当年学年总分的50%与其他学年总分的平均得分的50%之和进行评定。普通高中、中等职业学校和普通高等学校学生毕业时，成绩达不到50分者按结业或肄业处理。

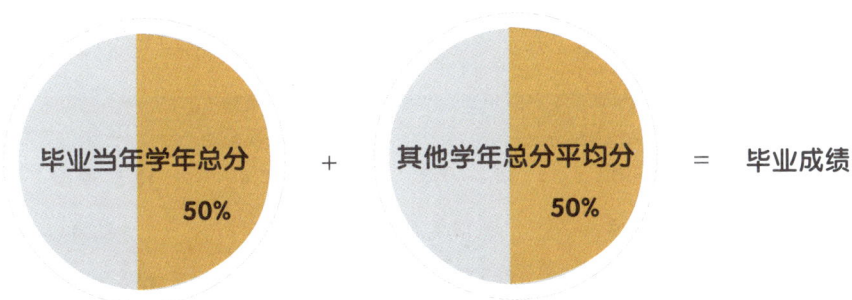

毕业当年学年总分
50%　　+　　**其他学年总分平均分**
50%　　=　　**毕业成绩**

6~8岁儿童多为一、二年级学生。一、二年级学生体质健康测试项目共5个：身体质量指数（BMI）、肺活量、50米跑、坐位体前屈和1分钟跳绳。各项测试的权重见表1.1；各项测试的评分标准见表1.2~1.6，其中，BMI测试成绩精确到0.1千克/米^2，肺活量测试成绩精确到1毫升，50米跑测试成绩精确到0.1秒，坐位体前屈测试成绩精确到0.1厘米，1分钟跳绳测试成绩精确到1次。高优指标1分钟跳绳测试的加分标准见表1.7。

表1.1　一、二年级学生各项测试的权重

单项指标	权重（%）
BMI	15
肺活量	15
50 米跑	20
坐位体前屈	30
1 分钟跳绳	20

源自：《国家学生体质健康标准（2014 年修订）》。

表1.2　一、二年级学生 BMI 测试评分表（单位：千克 / 米^2）

等级	得分	一年级男生	一年级女生	二年级男生	二年级女生
正常	100	13.5~18.1	13.3~17.3	13.7~18.4	13.5~17.8
低体重	80	≤ 13.4	≤ 13.2	≤ 13.6	≤ 13.4
超重	80	18.2~20.3	17.4~19.2	18.5~20.4	17.9~20.2
肥胖	60	≥ 20.4	≥ 19.3	≥ 20.5	≥ 20.3

源自：《国家学生体质健康标准（2014 年修订）》。

表1.3 一、二年级学生肺活量测试评分表（单位：毫升）

等级	得分	一年级男生	一年级女生	二年级男生	二年级女生
优秀	100	1700	1400	2000	1600
	95	1600	1300	1900	1500
	90	1500	1200	1800	1400
良好	85	1400	1100	1650	1300
	80	1300	1000	1500	1200
	78	1240	960	1430	1150
	76	1180	920	1360	1100
	74	1120	880	1290	1050
	72	1060	840	1220	1000
	70	1000	800	1150	950
及格	68	940	760	1080	900
	66	880	720	1010	850
	64	820	680	940	800
	62	760	640	870	750
	60	700	600	800	700
	50	660	580	750	680
	40	620	560	700	660
不及格	30	580	540	650	640
	20	540	520	600	620
	10	500	500	550	600

源自：《国家学生体质健康标准（2014年修订）》。

表1.4　一、二年级学生 50 米跑测试评分表（单位：秒）

等级	得分	一年级男生	一年级女生	二年级男生	二年级女生
	100	10.2	11.0	9.6	10.0
优秀	95	10.3	11.1	9.7	10.1
	90	10.4	11.2	9.8	10.2
	85	10.5	11.5	9.9	10.5
良好	80	10.6	11.8	10.0	10.8
	78	10.8	12.0	10.2	11.0
	76	11.0	12.2	10.4	11.2
	74	11.2	12.4	10.6	11.4
	72	11.4	12.6	10.8	11.6
	70	11.6	12.8	11.0	11.8
及格	68	11.8	13.0	11.2	12.0
	66	12.0	13.2	11.4	12.2
	64	12.2	13.4	11.6	12.4
	62	12.4	13.6	11.8	12.6
	60	12.6	13.8	12.0	12.8
	50	12.8	14.0	12.2	13.0
	40	13.0	14.2	12.4	13.2
不及格	30	13.2	14.4	12.6	13.4
	20	13.4	14.6	12.8	13.6
	10	13.6	14.8	13.0	13.8

源自：《国家学生体质健康标准（2014 年修订）》。

表 1.5 **一、二年级学生坐位体前屈测试评分表（单位：厘米）**

等级	得分	一年级男生	一年级女生	二年级男生	二年级女生
	100	16.1	18.6	16.2	18.9
优秀	95	14.6	17.3	14.7	17.6
	90	13.0	16.0	13.2	16.3
良好	85	12.0	14.7	11.9	14.8
	80	11.0	13.4	10.6	13.3
	78	9.9	12.3	9.5	12.2
	76	8.8	11.2	8.4	11.1
	74	7.7	10.1	7.3	10.0
	72	6.6	9.0	6.2	8.9
	70	5.5	7.9	5.1	7.8
及格	68	4.4	6.8	4.0	6.7
	66	3.3	5.7	2.9	5.6
	64	2.2	4.6	1.8	4.5
	62	1.1	3.5	0.7	3.4
	60	0.0	2.4	−0.4	2.3
	50	−0.8	1.6	−1.2	1.5
	40	−1.6	0.8	−2.0	0.7
不及格	30	−2.4	0.0	−2.8	−0.1
	20	−3.2	−0.8	−3.6	−0.9
	10	−4.0	−1.6	−4.4	−1.7

源自：《国家学生体质健康标准（2014 年修订）》。

表1.6 **一、二年级学生1分钟跳绳测试评分表（单位：次）**

等级	得分	一年级男生	一年级女生	二年级男生	二年级女生
	100	109	117	117	127
优秀	95	104	110	112	120
	90	99	103	107	113
	85	93	95	101	105
良好	80	87	87	95	97
	78	80	80	88	90
	76	73	73	81	83
	74	66	66	74	76
	72	59	59	67	69
	70	52	52	60	62
及格	68	45	45	53	55
	66	38	38	46	48
	64	31	31	39	41
	62	24	24	32	34
	60	17	17	25	27
	50	14	14	22	24
	40	11	11	19	21
不及格	30	8	8	16	18
	20	5	5	13	15
	10	2	2	10	12

源自：《国家学生体质健康标准（2014年修订）》。

表 1.7 **小学各个年级学生 1 分钟跳绳测试加分表（单位：次）**

加分 [a]	所有学生 [b]
20	40
19	38
18	36
17	34
16	32
15	30
14	28
13	26
12	24
11	22
10	20
9	18
8	16
7	14
6	12
5	10
4	8
3	6
2	4
1	2

[a] 学生成绩超过单项评分 100 分后，以超过的次数所对应的分数进行加分。

[b] 一至六年级男生和女生使用同样的标准。

源自：《国家学生体质健康标准（2014 年修订）》。

从出生到成年，人体内各个器官、系统的形态、组成和功能等都在不断地发展和完善，这就是俗称的"生长发育"。个体的生长发育受遗传因素和环境因素的影响，不同个体间的生长发育具有一定的差异，但就整体而言，个体的生长发育具有阶段性、连续性和不平衡性三大共同特征。人体内各个器官、系统在不同年龄段的发展速度、幅度和状态都是不一样的，例如，个体在胎儿期和青春期的身高增速明显高于其他时期，这体现了个体生长发育的阶段性。同时，个体每个阶段的生长发育都是连续的，上一阶段的发展情况会对下一阶段产生一定的影响。此外，人体内不同器官、系统在同一年龄段的发展情况不一样，例如神经系统发育较早、生殖系统发育较晚，这体现了个体生长发育的不平衡性[3]。

一般小学生的年龄为6~12岁，他们还处于儿童期。这个时期的个体的各项身体机能均处于平缓发展时期。小学生的骨骼富有弹性、硬度较低，因而易变形和脱臼，不易骨折；关节较松弛，活动范围较大；肌肉中的水分较多，蛋白质、脂肪和无机盐含量较少，肌纤维较细，因而其肌肉柔韧性较好，力量和耐力较差；呼吸、心血管和神经系统的发育均不成熟，心率普遍偏高（与成年人相比）；活泼好动，注意力易分散，易于疲劳但恢复较快；动作协调性、准确性较差[4]。

身体素质是个体各项身体机能的外在表现，因此也具有生长发育的阶段性、连续性和不平衡性特征。个体各项身体素质在不同年龄段的发展速度不同；即使在同一年龄段，个体的生长发育也存在差异，有的身体素质发展处于高峰时期，而有的则发展得较为缓慢。身体素质发展的高峰时期被称为该项身体素质的"敏感期"，也被称为"窗口期""训练机会之窗"或"最佳训练能力窗口"。只有遵循个体生长发育的规律，在适当的时候着重发展相应的身体素质，才能让学习和训练事半功倍。

鉴于敏感期在儿童和青少年身体训练方面具有重要的指导作用，国内外大量学者对其进行了深入研究。但是，生长发育受遗传、营养和运动等多种因素的影响，存在一定的个体差异，不同研究对各项身体素质敏感期的划分并不统一，目前较受大家认可的是运动员长期发展（Long-Term Athlete Development，LTAD）模型[5]。根据LTAD模型，儿童和青少年的身体素质敏感期有13个。就一、二年级学生而言，男生处于柔韧性和速度的第一敏感期，女生处于柔韧性、速度和技术的第一敏感期。但由于学生们的入学年龄不同，彼此也可能存在差异，教师可根据表1.8确定与学生实际年龄相匹配的敏感期，以此为参考并结合实际情况来确定训练方案。

表 1.8 **学生各项身体素质敏感期所对应的年龄区间**

男生 [a]

年龄	4	5	6	7	8	9	10	11	12	13	14	15	16	17	18	19	20	21	22	23	24	25
柔韧性		第一敏感期							第二敏感期													
速度				第一敏感期						第二敏感期												
技术						第一敏感期						第二敏感期										
协调性								敏感期														
力量									敏感期第一阶段				敏感期第二阶段				敏感期第三阶段					
耐力								第一敏感期					第二敏感期									
爆发力												敏感期										

女生 [b]

年龄	4	5	6	7	8	9	10	11	12	13	14	15	16	17	18	19	20	21	22	23	24	25
柔韧性	第一敏感期							第二敏感期														
速度			第一敏感期						第二敏感期													
技术					第一敏感期					第二敏感期												
协调性								敏感期														
力量								敏感期第一阶段				敏感期第二阶段				敏感期第三阶段						
耐力								第一敏感期				第二敏感期										
爆发力											敏感期											

[a] 男生身高突增期后的 6~12 个月是敏感期第一阶段，力量的增长速度最快；之后进入敏感期第二、第三阶段，力量的增长速度逐渐放缓。

[b] 女生身高突增期或月经初潮后是敏感期第一阶段，力量的增长速度最快；之后进入敏感期第二、第三阶段，力量的增长速度逐渐放缓。

源自：《儿童身体训练动作手册：拉伸训练》。

一、二年级学生在心理方面也有其特征。他们处于幼儿园和小学的衔接阶段，尤其是一年级的学生，还未完全养成良好的行为习惯，独立性和自觉性较差，做事情需要一定的监督和指导。此外，他们神经活动的兴奋水平较高，爱说爱动，注意力集中时间较短，专注力较差。在参加体育活动方面，他们对体育活动的益处还未形成认识，兴趣是第一主导因素。在学习和理解方面，他们对形象、具体的事物更为敏感，善于通过模仿学习。

综上所述，一、二年级学生的训练应对处于敏感期的身体素质有所侧重，同时均衡发展其他身体素质，但最好不要进行大负荷的力量训练、高强度训练和长时间训练。同时，训练应以直观、有趣、涉及全身（且最好有团队配合）的游戏为主，从而全方位地发展学生的基本动作技能，增强身体机能，发展神经对肌肉的控制力，提高各项身体素质。此外，教师和家长要给予这个阶段的学生更多的监督、提示和指导，帮助他们形成一定的纪律和规范意识，促使他们养成规律锻炼的习惯。在对学生进行指导时，应使用学生可以理解的语言，最好通过演示来帮助他们更好、更快地理解。

1.4 一、二年级学生训练注意事项

任何训练的首要原则都是确保训练的安全，其次是确保训练的有效性。为了做到这两点，教师和家长在指导一、二年级学生进行训练时应注意以下几点。

◎ 提前做好训练规划

前文提到，一、二年级学生有其身心特点，因此教师必须以运动科学为基础，系统地制定符合其需求和特点的长期和短期训练规划。学期训练规划应具有周期性，循序渐进地增加强度，既涉及影响体质测试成绩的所有身体素质，又有薄弱项目的针对性训练。每个训练日的规划要既全面又细致，根据时间和目标统筹安排所有不可或缺的训练板块，这样不仅有助于更好地把控训练过程，让训练节奏符合科学规律，又能将实际训练时长控制在计划范围内，不占用学生学习和休闲的时间，并且能最大限度地降低意外事件的发生率。家长要经常与学生及其教师沟通，了解学生在学校的训练内容和身体素质短板，结合教师的训练建议，形成更具针对性的家庭训练规划。

● 专业建议

对每个训练日的规划至少应包括以下几部分内容。

1.训练板块。每个训练日均应包含热身、正式训练和放松三大板块。正式训练板块又应根据当日的训练目标设置有针对性的小板块。

2.训练动作、训练节奏、训练量和间歇。训练规划应提前列出每个板块包含哪些训练动作、每个训练动作应以什么节奏进行和重复多少次（或保持多久、行进多远等）、共进行几组训练、动作与动作和组与组的间歇等。

3.指导语和提示语。例如，对于一些学生容易遗忘重点或做错的训练动作，教师可以用指导语（还可以搭配动作演示）来帮助学生想起重点或正确的训练动作；在训练过程中，可以在某个时间，用提示语来提醒学生每个训练动作的节奏、要点和剩余训练量，以及下一个训练动作是什么。注意，带一、二年级学生训练时，使用的指导语和提示语一定要简洁易懂，不使用超出他们语言理解能力范围的语句。前文还提到，一、二年级学生注意力不集中且不易将动作做准确，在他们进行训练时，应随时观察他们的动作，多使用适当的指导语和提示语给予及时的提醒和指导。

◎ 提前掌握训练动作

在训练之前，教师应该和学生就训练动作进行沟通，充分了解学生对即将执行的热身、正式训练和放松的动作的掌握情况。教师可以让学生演示这些动作，并从旁检查其是否正确。如学生存在动作错误或不到位的情况，教师应及时指出并帮助其纠正；如发现学生因力量不足、关节受限等问题而无法正确地完成动作，应及时调整，将其更换为更适合学生的动作。

◎ 训练之前进行充分准备

在训练之前，必须做好场地和装备方面的准备，为学生的安全训练保驾护航。在场地方面，必须提前检查训练环境是否安全，应确保训练地面平整且不会过于光滑，场地大小和高度能满足训练需求，以及场地中没有任何可能绊倒、砸伤学生的危险物品等。一、二年级学生活泼好动且对陌生事物的好奇心较重，教师尤其要注意排查训练场地隐藏的危险因素。如果在室外进行训练，还要提前关注天气状况，规避大风、高温等恶劣天气。在装备方面，一方面要提前准备好训练会用到的所有器械并对其进行安全检查，确保所有器械完好，不存在危险因素；另一方面要提前提醒学生穿着运动服和运动鞋，不佩戴饰品，不携带较重的物品。

◎ 全面了解并随时关注学生状况

只有做到以下几点，才能从源头上规避风险。首先，全面了解学生的体质健康测试成绩，制订与学生水平相匹配的训练规划；其次，全面掌握学生的健康史和训练当天的健康状况，基于这些信息对当天的训练进行适当的调整，并针对可能发生的意外情况形成风险预案；最后，教师在训练过程中要随时关注学生的状况，学生也要及时反馈身体感受，一旦学生出现身体不适，要立即停止训练，必要时请及时就医。此外，还要特别注意学生在训练间歇时的状况，尽量不要让他们四处乱跑，指导他们好好休息，为后面的训练做好准备。

◎ 不忽视热身和放松

热身和放松是训练必不可少的两个板块，其重要性绝不亚于正式训练。热身可以加快血液流速、提高呼吸频率及提升肌肉温度，从而提高身体柔韧性和协调性，让身体为即将进行的正式训练做好准备，这样有助于提升训练效果并延缓疲劳、降低损伤风险。放松可以让身体的各项生理指标逐渐恢复到训练前的水平，规避血压急剧降低等风险；还可以排出体内的代谢废物，这有助于减缓肌肉酸痛。教师应重视这两个板块，也应让学生了解其重要性，从而更好地督促学生认真对待热身和放松。

◎ 提醒学生及时补水

水是人体必需的营养素，训练时应保持体内的水代谢处于平衡状态。缺水会对运动表现产生不小的负面影响，严重时还会危及健康。训练时，身体会通过出汗来降温，这会让身体损失水分和电解质，因此应及时补水（包括运动前、中和后），避免脱水。一般来说，可以让学生在训练前、后和训练中每15分钟补充一次适量的水分。如在天气炎热的室外进行训练，则补水量应适度增加，但是，切忌在训练时饮水过量。当训练超过1小时后，学生还应选择合适的运动饮料来补充电解质及能量。

BMI 测试

2.1 认识 BMI 测试

BMI的全称为Body Mass Index，即身体质量指数，反映了个体身高和体重的关系，其计算公式为BMI=体重（千克）/身高²（米²）。BMI由世界卫生组织（WHO）于1990年公布，是目前国际通用的衡量个体胖瘦和健康程度的指标之一。在BMI测试中，学生按规定站在测试仪上获取身高和体重数据，然后计算出BMI，计算结果应精确到0.1千克/米²。一、二年级学生处于生长发育的重要阶段，身高和体重都是重要的发育指标，BMI用于评价学生在当前身高下体重发育是否正常，从而及时发现他们可能存在的营养不良或肥胖问题。研究表明，儿童和青少年的营养不良或肥胖与一些疾病存在相关性。因此，BMI测试有助于尽早发现学生在生长发育过程中存在的问题，从而帮助教师和家长及时采取调整措施，降低学生患相关疾病的风险。

◎ 影响因素

从BMI的计算公式可以看出，它受体重和身高的影响。

● 体重

BMI用于评价学生在当前身高下体重发育是否正常，因此体重是BMI的主要影响因素。学生应通过科学的运动和均衡的膳食将体重控制在合理的范围内。

● 身高

虽然BMI不是用于评价学生身高发育是否正常的指标，但身高也会对BMI产生一定的影响。身高主要受骨骼发育情况和身体姿态的影响，科学的运动、均衡的膳食、充足的睡眠及良好的身体姿势有助于使学生的身高正常发育。此外，个体早晚的身高差异较为明显，在测试前一晚拥有足够的睡眠，使脊柱充分伸展，会对次日的身高测试有所帮助。

◎ 测试规则

1 背对身高体重仪，赤足站在底板上。

2 直立，面朝正前方。头部、臀部及脚跟靠近身高体重仪的立柱。

> 背部挺直，背朝身高体重仪。

> 赤足站在底板上。

◎ 要点提示

● **测试前准备**

1 测试前一晚应保证充足的睡眠，不应进行高强度的身体活动。

2 穿轻便的服装。

● **测试时注意**

1 不要仰头或低头，也不要弯腰驼背、来回晃动。

2 不要携带重物，女生不要扎过高的马尾，以免影响测试的准确性。

NO!

不要仰头

不要低头

不要弯腰驼背、来回晃动

2.2 BMI 测试针对性提升训练

◎ 综合训练指导

一、二年级学生对未知的事物比较好奇，同时易于接受直观、有趣的事物，因此该阶段学生的身体训练应主要采用游戏、团队合作的形式，以充分激发他们对训练的热情。这样不仅可以有效提高训练的效率，还可以培养他们的协作能力。此外，一、二年级学生的身高处于平稳发育期，在训练中增加跳跃性的运动在一定程度上有利于他们身高的增长。

◎ 典型问题与解决建议

● 体重过重

指导体重过重的学生时，需要通过合理的运动和科学的饮食帮助其减重。建议他们增加日常体力活动并进行规律的体育锻炼，包括在时间和距离均合理的前提下步行上下学、走楼梯上下楼、每天进行一定量的户外活动或室内训练、经常参与喜爱的体育运动等。此外，还应建议他们适当控制能量的摄入，尽量避免摄入过于油腻的食物和高热量、不健康的零食，多食用蔬菜、水果及优质蛋白质（如牛奶和鸡蛋等）。

● 体重过轻

指导体重过轻的学生时，需要通过合理的运动和科学的饮食帮助其增重。建议他们适当做一些力量训练，但需要注意的是，一、二年级学生的力量训练应以全身性、动力性的练习为主。同样应提醒他们注意饮食的丰富性和均衡性，如有挑食等不良饮食习惯一定要改掉。此外，一定要保证蛋白质、锌、钙、磷和维生素等营养物质的摄入达标。

◎ 其他注意事项

教师应时刻提醒学生保持良好的体态。不良体态不仅会影响他们的身高，还可能改变其身体发育轨迹，引起躯体功能障碍，甚至导致严重的畸形问题。因此，一定要培养学生在站、坐、行等方面的良好姿势习惯。需要注意的是，不良的体态并非完全由不良的姿势习惯引发，如发现学生存在严重的体态问题，请及时寻求医生等专业人员的帮助。

此外，睡眠时间是生长发育的黄金时间，充足的睡眠能促进学生身高的增长，还能使他们保持良好的身体和精神状态，从而在训练中更加投入，同时能在一定程度上增强训练的效果。因此，一定要督促学生养成早睡早起的生活习惯。

◎ 针对性提升练习

● 海豹行进

训练目标　力量
训练部位　核心、手臂、肩部
所需器材　无
主要肌肉　核心肌群、手臂肌群、肩部肌群

1

俯身挺起，双臂伸直置于肩关节下方，双手向外打开。

要点提示

● 动作过程中，直视前方，手臂伸直，躯干收紧。

发力时呼气，调整时吸气。

2

躯干收紧，直视前方，双手交替前移。完成规定的距离。

● 坐姿腿屈伸

训练目标 力量
训练部位 核心、腿部
所需器材 无
主要肌肉 下肢肌群

1

呈坐姿，双臂交叉抱于胸前，核心收紧，背部挺直，双腿屈髋屈膝。

> 全程保持均匀呼吸。

2

双腿前伸，躯干垂直于地面。

3

以脚跟为着力点，大腿后侧发力，使臀部移向足部。回到起始姿势，完成规定的次数或距离。

要点提示

● 核心收紧，躯干保持稳定并垂直于地面。

● 树式

全程保持均匀呼吸。

1

双脚靠拢站立，目视前方，双臂自然垂于身体两侧。

2

双臂举过头顶，双手手掌在头顶正上方对合，双臂尽量向上伸。保持该姿势至规定的时间。

训练目标　柔韧性

训练部位　背部

所需器材　无

主要肌肉　背阔肌

要点提示

● 动作过程中，不要弓背或塌腰。

● 树式伸展

训练目标 柔韧性、稳定性、平衡性
训练部位 全身
所需器材 无
主要肌肉 下肢肌群、躯干肌群

1

呈站立姿势，核心收紧，背部挺直，双脚开立，与肩同宽，双臂伸直，自然垂于身体两侧，挺胸抬头，目视前方。

要点提示

● 单腿支撑时，保持躯干的稳定。

全程保持均匀呼吸。

2

双臂侧平举，一侧腿屈膝，脚掌贴在对侧腿的膝关节处，单腿站立。

3

双臂举过头顶，与上半身成一条直线，垂直于地面。保持该姿势至规定的时间。换对侧重复。

● 背靠背

1

两人背靠背站立，双臂互挽。

训练目标　协调性、灵敏性
训练部位　腿部
所需器材　无
主要肌肉　下肢肌群

要点提示

● 两人全程保持背部紧贴。

全程保持均匀呼吸。

2

两人朝其中一人正对的方向行进，一人正向，一人逆向。行进规定的距离或时间。

23

● 点步

全程保持均匀呼吸。

1 呈站立姿势，双手叉腰。将身体重心移至一侧脚上，另一侧脚脚尖点地。

2 非重心脚向同侧迈步，身体重心转移至该侧脚上，对侧脚向新的重心脚并拢。

训练目标　力量、协调性
训练部位　臀部、腿部
所需器材　无
主要肌肉　下肢肌群

要点提示

● 动作过程中，身体挺直，注意重心的移动。

3 换对侧重复以上动作。左右交替进行，重复规定的次数。

脚跟点步

训练目标 **力量**
训练部位 **臀部、腿部**
所需器材 **无**
主要肌肉 **下肢肌群**

要点提示

● 动作过程中，身体挺直，勾脚尖向前移动。

1

呈站姿，背部挺直，双臂自然下垂。

全程保持均匀呼吸。

2

身体保持挺直，一侧小腿前侧发力，勾脚尖，向前移动，配合摆臂，以脚跟落地，然后换对侧重复。完成规定的距离。

● 圆木滚

训练目标 力量、协调性
训练部位 全身
所需器材 无
主要肌肉 核心肌群

1

俯卧，双臂向上伸直，
双手手掌在头部正上方
对合。双腿伸直，双脚
并拢。

全程保持均匀呼吸。

2

保持核心收紧，身体连续向一侧滚动。
完成规定的距离。

要点提示

● 全程保持核心收紧。

● 搭档俯撑拍手

训练目标　**稳定性、力量**
训练部位　**核心、手臂、肩部**
所需器材　**无**
主要肌肉　**核心肌群、肩部肌群**

1

两人相对，以俯撑准备姿势支撑于地面，相距约一只手臂的长度。

发力时呼气，还原时吸气。

2

核心收紧，两人同时向对方伸出左手或右手，并拍手。回到起始姿势，然后换对侧重复。完成规定的次数。

要点提示

● 动作过程中，背部挺直并保持稳定和平衡。

● 搭档转体

训练目标　**力量、灵活性**
训练部位　**腹部**
所需器材　**药球**
主要肌肉　**腹部肌群**

1

两人背对背站立。双脚分开，约与肩同宽，其中一人手持一个药球。

要点提示

● 保持下肢稳定不动。

全程保持均匀呼吸。

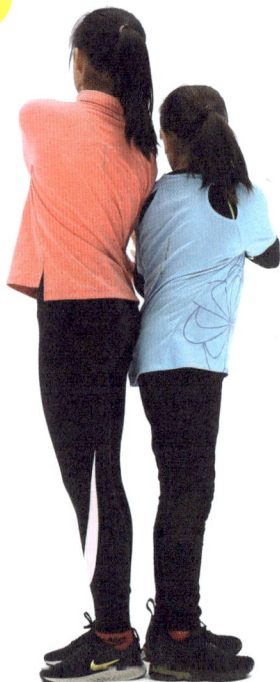

2

两人腿部不动，向一侧旋转躯干。持球者将药球传给搭档，然后两人同时向反方向旋转躯干，持球的搭档将球又传给初始持球者，回到起始姿势。完成规定的次数。

● 搭档座椅平衡

训练目标　平衡性、力量
训练部位　腹部、臀部、腿部
所需器材　无
主要肌肉　核心肌群、下肢肌群

1

两人面对面站立，双脚分开，与肩同宽。两人间的距离约为一只半手臂的长度，手拉手。

全程保持均匀呼吸。

2

保持拉手状态，同时屈髋屈膝向后坐，使两人的双臂完全伸直，大腿约与地面平行。然后匀速起立，回到起始姿势。完成规定的次数。

要点提示

● 两人在向后坐时必须提前沟通，彼此信任。

● 搭档V字后倾

训练目标 **平衡性、稳定性、力量**

训练部位 **手臂、背部**

所需器材 **无**

主要肌肉 **肱二头肌、背部肌群**

1

两人面对面站立，双脚分开，约与肩同宽。两人脚尖相互接触，手拉手。

全程保持均匀呼吸。

2

两人保持拉手状态，背部挺直，核心收紧，同时慢慢后倾至双臂完全伸直。回到起始姿势，完成规定的次数。

要点提示

● 两人要相互信任。

● 搭档V字侧倾

训练目标 **平衡性、稳定性**
训练部位 **肩部、手臂**
所需器材 **无**
主要肌肉 **肩部肌群**

1

两人并排站立，双脚分开，约与肩同宽。两人靠近端一侧的脚的前侧保持接触，手拉手。

全程保持均匀呼吸。

2

两人保持拉手状态，背部挺直，核心收紧，同时向侧面慢慢倾斜，握手一侧的手臂尽可能伸直。回到起始姿势，完成规定的次数。

要点提示

● 两人要相互信任。

● 搭档坐下起立

训练目标　平衡性、协调性、力量
训练部位　手臂、腿部
所需器材　无
主要肌肉　肱二头肌、下肢肌群

1

两人面对面、手拉手坐在地面上，
脚尖相对。

全程保持均匀呼吸。

2

两人保持拉手状态，手臂向后拉同时下肢肌肉发力，
伸髋伸膝站起。回到起始姿势，完成规定的次数。

要点提示

● 两人在站起时必须提前沟通，彼此
信任。

● 标准深蹲

训练目标　**力量**

训练部位　**腿部、臀部**

所需器材　**无**

主要肌肉　**下肢肌群**

蹲起时呼气。

1

双脚分开站立，约与肩同宽。双臂自然放在身体两侧。

2

屈髋屈膝下蹲。动作过程中，双臂屈肘抬起至胸前，保持身体平衡。下肢肌肉发力，回到起始姿势，完成规定的次数。

其他角度展示

要点提示

● 动作过程中，核心收紧，背部挺直，膝盖与脚尖方向一致。

● 婴儿纵向爬行

训练目标 **力量、协调性**
训练部位 **全身**
所需器材 **瑜伽垫**
主要肌肉 **全身**

1

呈四足跪姿，双臂伸直支撑于瑜伽垫上，面部朝下。

2

身体对侧肢体交替向前或向后移动。爬行规定的距离或时间。

全程保持均匀呼吸。

要点提示

● 动作过程中，核心收紧，背部挺直。

● 定格

定格共包含5个动作，不同的动作与地面的接触点不同，分别为1~5个。学生自由移动，当听到接触点数量时，立即做出相应动作并保持3秒。完成规定的时间、次数或距离。

训练目标 **平衡性、稳定性、力量**
训练部位 **全身**
所需器材 **瑜伽垫**
主要肌肉 **肩部肌群、核心肌群**

接触点为1个

全程保持均匀呼吸。

臀部撑地，双腿屈曲，双脚抬离地面，双臂向前伸直，躯干和大腿呈V字形。

接触点为2个

单脚和对侧手撑地，支撑臂伸直，非支撑腿和手臂抬起。

接触点为3个

要点提示

● 动作过程中，核心收紧，身体稳定，不要来回晃动。

双脚和单手撑地，支撑臂伸直，非支撑臂向上伸展。

接触点为4个

双脚和双手撑地，双臂伸直，臀部抬高。

接触点为5个

双脚、双手和一侧膝盖撑地，双臂伸直，非支撑膝盖前移至胸部下方。

● 俯身滚球行进

1

左手和双脚撑于地面，右手撑于药球上。双膝微屈，双臂伸直。

发力时呼气，还原时吸气。

2

收紧核心，下肢蹬地且手臂发力，双手交替向前滚动药球，同时双膝屈曲，向前行进至规定的距离。

训练目标　**力量、稳定性、协调性**

训练部位　**全身**

所需器材　**药球**

主要肌肉　**全身**

要点提示

● 全程保持身体稳定。

● 搭档抛接瑞士球

1

两人面对面站立，一人持一个瑞士球，两人之间放一个呼啦圈。

全程保持均匀呼吸。

2

持球者将球投进呼啦圈并使球弹向搭档，搭档接到球后重复以上动作。两人交替投球、接球。完成规定的次数。

训练目标	爆发力
训练部位	手臂、胸部
所需器材	瑞士球、呼啦圈
主要肌肉	上肢肌群

要点提示

● 全程动作尽量连贯。

● 转呼啦圈

训练目标　灵活性、力量、协调性

训练部位　臀部、腹部、下背部

所需器材　呼啦圈

主要肌肉　臀部肌群、核心肌群

1

双脚开立，距离略大于肩宽，背部挺直，双手握住呼啦圈，目视前方。

全程保持均匀呼吸。

2

髋部周围肌肉发力，骨盆环转带动呼啦圈转动。完成规定的时间或次数。

要点提示

● 全程保持收紧核心。

第3章

肺活量测试

3.1 认识肺活量测试

肺活量指尽力吸气后从肺内所能呼出的最大气量，它是潮气量、补吸气量和补呼气量之和或深吸气量与补呼气量之和。潮气量指每次呼吸时吸入或呼出的气量，补吸气量指平静吸气末再尽力吸气所能吸入的气量，补呼气量指平静呼气末再尽力呼气所能呼出的气量，深吸气量指从平静呼气末开始做最大吸气所能吸入的气量[7]。肺活量能反映肺部的容量，是评价心肺功能的常用指标之一，其受性别、体重、呼吸肌强弱等因素的影响。过去使用肺活量体重指数来评价心肺功能，但考虑到体重等形态指标的后天变异常常超过身体机能指标的后天变异，在2014年修订的《标准》中，肺活量替代了肺活量体重指数。在肺活量测试中，学生在没有时间限制的情况下，深吸一口气后向肺活量计的吹气嘴呼气。当呼气停止或中断，肺活量计上的数据不再增长，此时肺活量计上显示的数据则为肺活量测试成绩。肺活量测试能够帮助监控个体心肺功能的生长发育情况，而心肺功能是个体体质健康综合评价体系的核心要素之一。

◎ 影响因素

影响肺活量的因素有性别、年龄、体形和身体成分、呼吸肌力量以及心肺功能等。通常，个体的肺活量随年龄的增长而增加，且男生的肺活量普遍大于同年龄段的女生。对于个体而言，肺活量主要受体形和身体成分、呼吸肌强弱和心肺功能的影响。

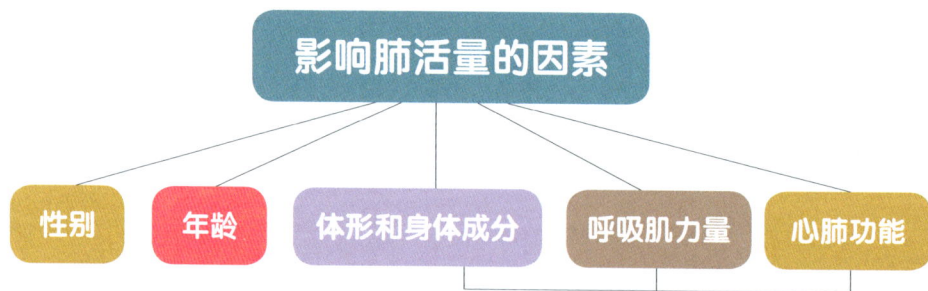

影响肺活量的因素

| 性别 | 年龄 | 体形和身体成分 | 呼吸肌力量 | 心肺功能 |

对个体而言，肺活量主要受这几个因素的影响。

● 体形和身体成分

肺活量会随着个体的生长发育而发生相应的变化，身高、体重、胸围等体形方面的变化都可能对肺活量产生一定的影响[8]。还有研究表明，身体成分中的肌肉占比更高、脂肪占比更低的个体普遍拥有更大的肺活量[9]。因此，养成均衡饮食和适当参与体力活动的生活方式，能促进个体的生长发育，优化身体成分，从而有助于增大肺活量。

● 呼吸肌力量

呼吸肌包括肋间肌、膈肌和腹壁肌等，它们在神经的支配下控制着个体的呼吸。平静状态下，吸气时，呼吸肌收缩，胸腔增大；呼气时，呼吸肌舒张，胸腔减小。强有力的呼吸肌能增加一次吸气和呼气的量，因此，通过一些呼吸训练方法强化呼吸肌，对增大肺活量有一定的益处。

● 心肺功能

人通过呼吸系统摄入氧气，并通过循环系统将氧气运输到参与身体活动的骨骼肌中，再将体内生成的废气（如二氧化碳等）借呼吸系统排至体外。在这个过程中，人体摄入氧气、运输氧气的能力被称为心肺功能，心肺功能是决定个体肺活量大小的主要因素，是增大肺活量最重要的内容之一。因此，通过一定的耐力训练增强心肺功能，是增大肺活量的主要途径。

◎ 测试规则

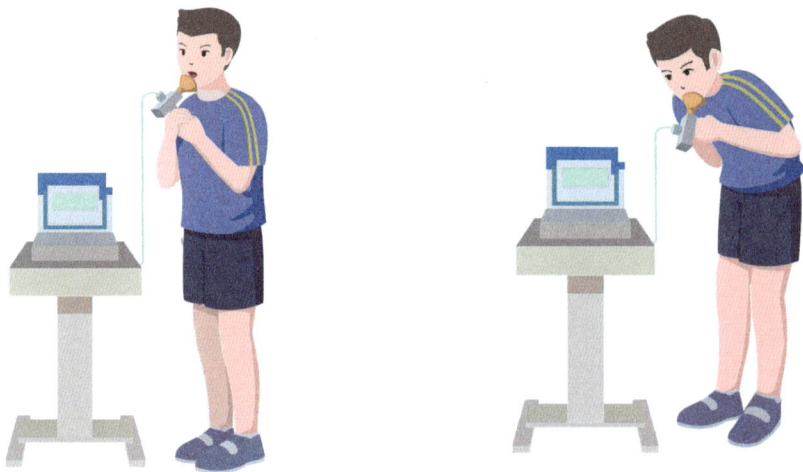

1 面朝肺活量计站立，慢慢吸气至最大限度。

2 屏气，然后对准吹气嘴，以中等速度和力量吹气。可通过前倾、弯曲上半身来辅助吹气。

● 测试前准备

测试前应进行充分的热身，做一些扩胸动作和呼吸练习。

● 测试时注意

1 吸气时不要耸肩，尽可能多地吸气。

2 呼气时，持吹气嘴的手稍稍用力，以防漏气；注意匀速呼气，呼气过快可能导致吹气嘴与嘴巴之间出现缝隙，呼气过慢可能导致肺活量计无法感受到气体；连续呼气，直至将全部气体呼出。

3 在快要将全部气体呼出时，前倾身体，用力呼出剩余的所有气体，此时应注意，持吹气嘴的手保持用力，避免身体前倾导致漏气。

NO!

吹气嘴和嘴之间不要有缝隙

不要耸肩

3.2 肺活量测试针对性提升训练

◎ 综合训练指导

　　肺活量测试综合训练应以可增强学生心肺功能的有氧耐力训练为主。需要格外注意的是，有氧耐力训练的能量消耗较大，教师应在训练前后提醒学生适度补充能量，在训练中及时补水，要求学生在感觉身体不适时及时报告。

　　室外空气质量较好的时候，还可以组织一、二年级学生进行吹气练习。同时，还要辅以对呼吸肌的训练，并教授学生腹式呼吸的方法。腹式呼吸不仅能增大肺活量、降低静息时的血压[10]，还能有效地缓解心血管系统的应激反应[11]，调节身心。在训练的间歇，教师也要提醒学生使用腹式呼吸，以调整好呼吸节奏，达到更好的休息效果。

◎ 典型问题与解决建议

● 肺活量小

　　指导肺活量小的学生在课上、课下多进行有益于提升肺活量的练习，推荐进行以下3类练习。

1 有氧运动，尤其是游泳。

2 吹气练习，如吹气球、运送气球等。

3 吹奏乐器练习，对吹奏乐器感兴趣的学生可多多进行相应的练习。

　　可以用图文介绍和带领体验等方式激发一、二年级学生对不同类型的有氧运动的兴趣，同时指导他们以游戏和比赛等方式进行吹气练习，增强练习的趣味性和竞争性。

● 测试时呼气存在的问题

学生在呼气时主要存在3个方面的问题。

(1) 吹气嘴与嘴巴之间出现缝隙，导致漏气。

(2) 呼气过快或过慢。

(3) 未将气体完全呼出即停止。

一、二年级学生的测试经验较少且注意力不够集中、记忆力较差，极易遗忘测试要点，从而出现以上问题，导致成绩不佳。教师应常对学生进行模拟测试，并在模拟测试时和实际测试前反复提醒测试要点。

◎ 其他注意事项

良好的体态对打开胸腔非常有帮助。胸腔打开可以让更多的空气进入肺部，这能在一定程度上增大肺活量。因此，要求学生养成良好的姿势习惯，尤其是保证上半身的体态良好，及时对不良体态进行纠正也十分重要。

◎ 针对性提升练习

● 腹式呼吸

全程用鼻子缓慢地吸气，用嘴缓缓地呼气。

训练目标　心肺功能
所需器材　无

1 自然站立，双手叉腰，抬头挺胸，目视前方。缓慢地吸气，使腹部像一个小气球一样鼓起。

2 缓慢地呼气，腹部自然内收。吸气后呼气为完成1次。完成规定的次数。

● 吹气球

训练目标　心肺功能
所需器材　气球
游戏形式　与父母或朋友比一比，看谁最先完成规定的次数

要点提示

● 在吹气球途中换气时，可以用牙齿咬住气球口，避免已经吹入气球的气体漏出。

用食指和中指轻轻地捏住气球口，再将气球口放入口中。深吸一口气，慢慢地向气球吹气至最大限度，然后重复吸气和吹气，直至气球膨胀到极限，最后将气球中的气排出。将气球吹至膨胀到极限为完成1次。完成规定的次数。

● 运送气球

训练目标　心肺功能
所需器材　气球、胶布
游戏形式　与父母或朋友比一比，看谁最先完成规定的
　　　　　次数或距离。

要点提示

- 因为要向前运送气球，所以直直地向上吹气球是不可取的。应向斜前上方吹气球，这样既能保证气球向前运动，又能保证气球不向下掉落。
- 在室外进行该练习时，应注意风的影响。

找到适合自己的吹气方向和频率，保证气球不落地。

用胶布标出起点线和终点线，将气球吹满气后在气球口处打结。站在起点线后，适当仰头，双手持气球并将其移至嘴巴上方，然后松开双手，不断地对着气球吹气，使其始终飘浮在空中。以这种状态将气球从起点线运送到终点线处为完成1次。完成规定的次数或距离。注意，一旦气球落地，则需要返回起点线重新开始。

● 双脚左右跳

要点提示

- 跳跃时核心收紧，脚不要拖地，注意髋关节、膝关节和踝关节协同发力。

训练目标　灵敏性
训练部位　腿部、核心
所需器材　无
主要肌肉　下肢肌群、核心肌群

1 身体呈运动姿站立，双臂微屈收于身体两侧，重心位于前脚掌。

2 保持背部挺直，核心收紧，双脚前脚掌着地，有节奏且连续地向左、向右快速小跳。控制节奏由慢变快，直至达到最快速度，并尽可能保持最快速度几秒再减速。完成规定的次数。

● 双脚前后跳

训练目标 **灵敏性**

训练部位 **腿部、核心**

所需器材 **无**

主要肌肉 **下肢肌群、核心肌群**

1

身体呈运动姿势站立，双臂伸直收于身体两侧，重心位于前脚掌。

要点提示

- 跳跃时，核心收紧，脚不要拖地，注意使髋关节、膝关节和踝关节协同发力。
- 双臂随身体前后摆动。

全程保持均匀呼吸。

2

保持背部挺直，核心收紧，双脚前脚掌有节奏且连续地向前、向后快速跳。速度由慢至快，直至达到最快速度，并尽可能保持最快速度几秒再减速。跳跃过程中，双臂自然地前后摆动。完成规定的次数或距离。

● 开合跳

训练目标 **灵敏性、协调性、心肺功能**

训练部位 **全身**

所需器材 **无**

主要肌肉 **肩部肌群、下肢肌群**

1

身体呈直立姿，双腿分开，略小于肩宽。双臂伸直，自然放于身体两侧，目视前方。

要点提示

● 跳跃和落地过程中核心收紧，同时控制膝盖和脚尖一致向前。

随着动作节奏均匀呼吸。

2

保持核心收紧，双腿蹬地发力向上跳起并打开，同时双臂伸直向头顶上方打开至双手轻轻触碰。落地后随即再次跳起，双臂下摆，双脚靠拢。重复以上动作，完成规定的次数。

● 大猩猩纵向爬行

训练目标 **力量**

训练部位 **全身**

所需器材 **无**

主要肌肉 **核心肌群**

跳跃时呼气。

要点提示

● 保持核心收紧，双腿蹬地发力。

俯身屈髋屈膝，呈双手和双脚触地支撑姿势，双臂伸直。保持双膝位于髋部正下方，并保持双膝离地。

保持核心收紧，双脚蹬地发力向前跳，将双腿拉向手臂。双臂同时向前移动，回到起始姿势。重复以上动作，完成规定的距离。

● 大猩猩横向爬行

训练目标 **力量**

训练部位 **全身**

所需器材 **无**

主要肌肉 **核心肌群**

要点提示

● 保持核心收紧，双腿蹬地发力。

跳跃时呼气。

俯身屈髋屈膝，呈双手和双脚触地支撑姿势，双臂伸直。保持双膝位于髋部下方，并保持双膝离地。

保持核心收紧，双手同时向一侧移动，然后双脚蹬地发力向一侧跳。手脚交替移动，完成规定的距离。

第3章 肺活量测试

49

● 慢跑

训练目标	有氧耐力
训练部位	全身
所需器材	无
主要肌肉	全身

要点提示

● 慢跑时，保持身体稳定，双臂不要左右摆动。

1

身体呈直立姿，双脚分开，约与肩同宽，核心收紧，背部挺直，双臂屈曲，置于身体两侧，目视前方。

全程保持均匀呼吸。

2

慢跑时，交替摆臂。完成规定的距离或时间。

● 屈膝弓步前平举

1

身体呈直立姿，双脚分开，约与肩同宽。双臂伸直，自然垂于身体两侧。核心收紧，背部挺直。

要点提示

● 保持背部挺直，核心收紧，双臂伸直。

动作过程中保持均匀呼吸。

2

一侧脚向斜前方迈步，同时屈髋屈膝，呈弓步姿势，双手握拳，双臂向斜上方伸展。回到起始姿势，换对侧重复。两侧交替进行，完成规定的次数。

● 踢踏步

训练目标 心肺功能、灵活性

训练部位 核心、下肢

所需器材 无

主要肌肉 核心肌群、下肢肌群

1

身体直立，双脚分开，约与肩同宽，双臂放松，自然垂于身体两侧，核心收紧，挺胸抬头，目视前方。

要点提示

● 前踢时，核心收紧，背部挺直，双腿均为伸直状态。

全程保持均匀呼吸。

2

双臂侧平举，一侧腿向斜前方踢出，支撑腿跳起，此时支撑腿和前踢腿均伸直，支撑脚脚尖朝前。然后双脚着地，双臂下摆。接着对侧腿按照同样的标准向斜前方踢出。两侧交替进行，完成规定的次数。

● 战士二式

训练目标　柔韧性

训练部位　大腿

所需器材　无

主要肌肉　跟腱、髋内收肌

1

双脚开立，略大于肩宽，双腿伸直，脚尖向前，挺胸直背，双臂侧平举。

全程保持均匀呼吸。

2

一侧脚外旋90度，该侧腿的膝关节屈曲，重心向同侧移动，至大腿内侧有一定的牵拉感。回到起始姿势，换对侧重复。完成规定的次数。

要点提示

● 全程保持核心收紧，背部挺直。

● 鸟式

训练目标　柔韧性、力量
训练部位　肩部、小腿
所需器材　无
主要肌肉　三角肌前束、腓肠肌

1

身体呈站立姿势，核心收紧，背部挺直，双腿伸直，双脚靠拢，双臂伸直，自然垂于身体两侧。

要点提示

● 动作过程中，保持核心收紧，双腿伸直。

全程保持均匀呼吸。

2

双腿同时蹬地发力，提起脚跟，使身体重心抬高，同时双臂向后伸，掌心向后。回到起始姿势，按照同样的动作标准，完成规定的次数。

● 半月式

训练目标 **柔韧性**

训练部位 **核心**

所需器材 **无**

主要肌肉 **核心肌群**

1

双腿伸直，并拢站立。双臂从头部两侧向上伸，双手并拢。

要点提示

● 动作过程中，保持骨盆稳定，避免身体前倾或后仰。

全程保持均匀呼吸。

2

下肢保持稳定，躯干向一侧屈曲。回到起始姿势，换对侧重复。完成规定的次数。

50 米跑测试

4.1 认识 50 米跑测试

50米跑是直线短跑项目，能综合评价个体的移动速度、反应速度和灵敏性等身体素质的水平。在50米跑测试中，起跑指令发出时开始计时，学生躯干冲过终点线后停止计时，时间精确到0.1秒（按小数点后第2位数非0即进1的规则），所得时间即为50米跑测试成绩。在测试期间，学生不允许抢跑和串道。50米跑测试能在一定程度上反映学生中枢神经系统的机能状态和神经、肌肉的调节功能，具有重要意义。

◎ 影响因素

爆发力和速度耐力在50米跑中表现为快速达到较高速度并保持该速度的能力，这一能力会对50米跑测试成绩产生决定性的影响。此外，手臂力量、跑步动作和核心力量关乎50米跑过程中力的产生和传导，快速反应能力则决定学生对起跑指令的反应速度。它们都会对50米跑测试成绩产生一定的影响。

影响50米跑测试成绩的因素

爆发力和速度耐力	手臂力量	跑步动作和核心力量	快速反应能力

● 爆发力和速度耐力

爆发力指人体进行高功率输出的能力。它不是一种单一的能力，而是力量和速度的组合。速度耐力也被称为无氧耐力，指人体持续进行高功率输出的能力。50米跑以无氧代谢为主，要求个体全程保持最快速度，是强度极高的跑步项目。跑步时，爆发力强的个体能更快地达到最大速度，速度耐力强的个体则能更持久地保持最大速度。因而，爆发力强的、速度耐力好的个体均能在50米跑中占据优势。

● 手臂力量

在运动时，手臂和腿部的摆动是协调统一的，因此手臂快速、大幅度的摆动对腿部的摆动起着重要的主动带动作用[12]。发展手臂力量有助于加快手臂摆动速度，因此，增强手臂力量能够促进腿部的摆动，也在一定程度上有助于提高50米跑测试成绩。

● 跑步动作和核心力量

不同类型的跑步项目，甚至同一类型的跑步项目的不同阶段都有其最适合的跑步动作，使用相应的跑步动作有助于提高跑步的经济性并预防损伤。在50米跑测试中，学生应主动向上抬大腿并积极地向下、向后蹬，这有助于从地面获得向前的推进力；躯干应保持在中立位，避免过度前倾、后仰或前后摆动，这可以避免不必要的能量消耗；在50米跑测试中，对侧的手臂和腿部同时摆动，这样可以保证个体的协调与稳定。增强核心力量则能够使躯干更加稳定，跑步动作更协调、到位。

● 快速反应能力

快速反应能力是个体在短时间内识别刺激，做出判断，并执行动作的能力。在50米跑测试中，反应较快的个体能对起跑指令做出快速的反应，缩短起跑所用的时间，从而在该环节取得优势。

◎ 测试规则

1 一般采用站立式起跑，听到"预备"的口令时集中注意力。

采用站立式起跑。

2 听到起跑指令后，沿自己的跑道快速地跑向终点线，起跑指令发出时开始计时。

3 躯干冲过终点线后停止计时。测试成绩以秒为单位，精确到0.1秒。按小数点后第2位数非0则进1的规则计时，例如，10.51秒会被计为10.6秒。

● **测试前准备**

测试前应进行充分的热身，穿合适的运动服和跑鞋。

● **测试时注意**

1 做起跑准备时，双脚不要踩实地面；集中注意力听起跑指令，不要抬头看裁判。

2 起跑后，慢慢抬高重心，以防摔倒。

3 跑步时，身体不要过度前倾、后仰，双臂不要左右摆动。

4 冲过终点线后再减速。

5 跑步过程中不要串道或抢占别人道次。

NO!

跑步时双臂不要左右摆动

起跳准备时，双脚不要踩实地面   跑步时身体不要后仰

4.2 50 米跑测试针对性提升训练

◎ 短跑技术学习

● 准备姿势

　　双脚前后开立，间距为一脚或一脚半的长度；抬起后脚脚跟，前膝屈曲约90度，后膝微微屈曲；上半身向前倾，将重心放在前腿上，但不可过度前倾；双臂呈摆臂状。

● 起跑

　　听到起跑指令后起跑，前脚用力蹬地，后腿前摆，身体保持前倾，双臂积极、有力地前后摆动。

● 加速跑

　　慢慢地抬高重心，在这个过程中，注意用前脚掌着地。

● 途中跑

　　大腿主动向上抬，抬至最高点后积极地向下压，小腿向后折叠，落地时双脚积极地"扒地"。双臂也要积极、有力地前后摆动。上半身处于中立位，保持平衡、稳定，避免晃动。

● 冲刺跑

　　跑至距终点线约2米的位置时，躯干加大前倾角度，全速冲过终点线后再减速。

◎ 综合训练指导

　　在一、二年级学生50米跑测试的及格时间（一年级男生为12.6秒，女生为13.8秒；二年级男生为12.0秒，女生为12.8秒）内，人体运动更多地依赖无氧能量系统，主要的供能途径为磷酸原系统（ATP-CP），其次为糖酵解系统。磷酸原系统用体内的磷酸肌酸供能，其特点是供能速度快，但持续时间短，一般为10秒左右；糖酵解系统用体内的肌糖原和肝糖原供能，当人体以无氧的状态进行运动时（如在50米跑和100米跑中），这种供能形式会使人体内产生乳酸，而大量堆积的乳酸会使肌肉疲劳、无力，使个体难以维持最大速度。因此，针对50米跑测试的训练，应以强度高、持续时间短（10秒左右）的爆发性练习为主，以增强磷酸原系统的供能能力，同时辅以强度高、持续时间稍长（30秒左右）且间歇短的速度耐力性练习，以增强人体耐乳酸的能力，发展速度耐力。本书介绍的爆发性练习和耐力性练习以跑、跳类动作为主，其目的是增强神经对肌肉的控制。此外，还应适当进行上肢力量练习。一、二年级学生不太适合进行大训练量和高频率的专项力量训练，因此，本书介绍的上肢力量练习以爬行、前后摆臂等动作为主。

◎ 典型问题与解决建议

● 起跑慢

起跑慢的学生主要存在两个问题：快速反应能力较差和起跑时不够专心。针对前一个问题，应组织学生进行增强快速反应能力的针对性训练。针对后一个问题，可以经常性地指导学生进行模拟测试，让他们逐渐养成在测试时全神贯注、不在准备起跑时左顾右盼的习惯，并且要在测试前反复提醒他们。

● 摆臂存在问题

学生的摆臂问题主要集中在两个方面：摆臂姿势错误和摆臂慢。解决前一个问题的办法是指导学生进行原地或行进间的摆臂练习，注意提示学生正确摆臂的要点，即双臂前后摆动且向前摆时不越过身体中线。解决后一个问题的办法是在学生摆臂姿势正确的前提下，指导他们在摆臂练习中逐渐加快速度，同时进行一些上肢力量练习。

● 摆腿、落地存在问题

学生的摆腿、落地问题主要集中在两个方面：摆腿速度慢和双脚落地沉重。出现这两个问题的原因可能是下肢力量不足和跑步姿势错误，因此教师应指导学生进行一些下肢力量练习及短距离跑练习，在练习中不断提示学生正确跑步的要点。

● 未沿直线跑、左顾右盼

50米跑测试规定，整个过程中学生只能在自己的跑道上跑。然而有些学生跑步时会遗忘这一点，不沿直线跑，容易串道。还有些学生习惯在跑步时观察他人，尤其喜欢回头看他人距离自己还有多远，这会在一定程度上影响跑步速度，从而影响最终的成绩。因此，学生应在平时的训练中进行窄道跑、直线跑练习，从而养成正确的习惯。

● 未冲过终点线就减速

未冲过终点线就减速也是影响50米跑测试成绩的典型问题之一。针对这个问题，应指导学生进行距离稍长于50米的跑步练习，如70米冲刺跑。此外，应同样在模拟测试和正式测试前反复提醒学生要等到冲过终点线后再减速。

● 20米冲刺跑

全程保持均匀呼吸。

训练目标 速度
所需器材 胶布

用胶布标记起跑线和终点线（间距为20米）。以标准跑步姿势从起跑线冲刺至终点线，此为完成1次。完成规定的次数。

要点提示

● 冲刺跑过程中，注意双臂和双腿的姿势，同时保持核心收紧，身体稳定。
● 冲过终点线之后再减速。

● 50米冲刺跑

全程保持均匀呼吸。

训练目标 速度
所需器材 胶布

要点提示

● 冲刺跑过程中，注意双臂和双腿的姿势，同时保持核心收紧，身体稳定。
● 冲过终点线之后再减速。

用胶布标记起跑线和终点线（间距为50米）。以标准跑步姿势从起跑线冲刺至终点线，此为完成1次。完成规定的次数。

● 摆动手臂

坐姿

全程保持均匀呼吸。

训练目标 跑步姿势、
力量、核心

所需器材 无

1 呈坐姿，双腿向前伸直。双臂屈曲约90度，上臂自然垂于身体两侧。上半身挺直并稍稍前倾。

2 以肩关节为轴，双臂紧绷并交替前后摆动。手臂应向前摆至手越过肩部，向后摆至手越过髋部。双臂交替摆动为完成1次。完成规定的时间或次数。

站姿

要点提示

- 上臂应以肩关节为轴充分摆动。
- 双臂前后摆动，而不是左右摆动。手臂向前摆时，手不应越过身体中线。
- 摆动双臂时，核心收紧，身体保持稳定。

1 站立，双脚分开，与肩同宽。双臂屈曲约90度，上臂自然垂于体侧。上半身挺直并稍稍前倾。

2 以肩关节为轴，双臂紧绷并交替前后摆动。手臂应向前摆至手越过肩部，向后摆至手越过髋部。双臂交替摆动为完成1次。完成规定的时间或次数。

● 追击游戏

训练目标　**快速反应能力**
所需器材　**胶布**

要点提示

● 应合理设置两人的间隔距离和游戏区域。
● 两人的速度水平和反应能力应差异不大。
● 游戏区域应平坦、空旷，避免两人在追逐过程中因绊倒、滑倒而受伤。

两人间隔适当的距离站立，同时在两人身后适当距离处用胶布标记游戏区域。两人进行"剪刀石头布"游戏，获胜方迅速转身逃跑，输的一方对其进行追击。若获胜方在跑出游戏区域前未被对方抓到，则赢得追击游戏的胜利，反之则是对手胜利。一方胜利后回到起始位置。完成规定的次数或时间。

● 快速反应游戏

全程保持均匀呼吸。

训练目标　**快速反应能力**
所需器材　**白纸、笔**

要点提示

● 可通过设置不同的信号、动作对应关系来改变游戏的难度。例如，以下对应关系的难度逐渐增加："西瓜"信号对应移动到"西瓜"白纸上；"绿色"信号对应移动到"西瓜"白纸上；"西瓜"信号对应移动到"香蕉"白纸上。

用笔在3张白纸上分别写下"苹果""香蕉""西瓜"，然后将3张白纸放在地面上。站在3张白纸的中间，根据听到的信号，迅速移动至对应的白纸上。如果选择错误或反应迟钝，则应返回起始位置再次根据信号做出反应，直到能又快又准确地移动，此为完成1次。完成规定的次数。

● 背身起跑

全程保持均匀呼吸。

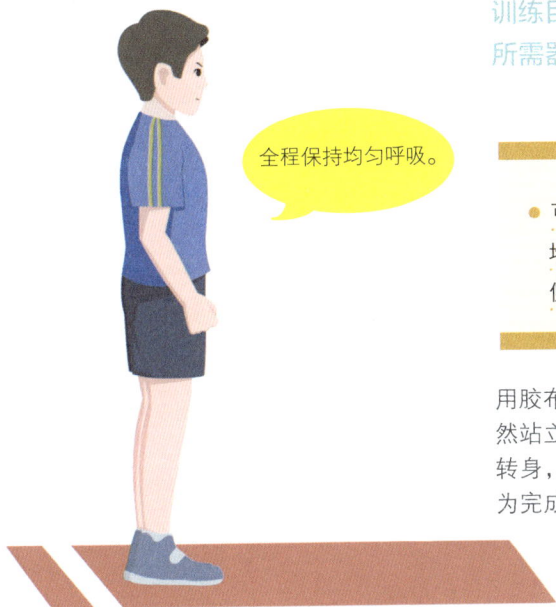

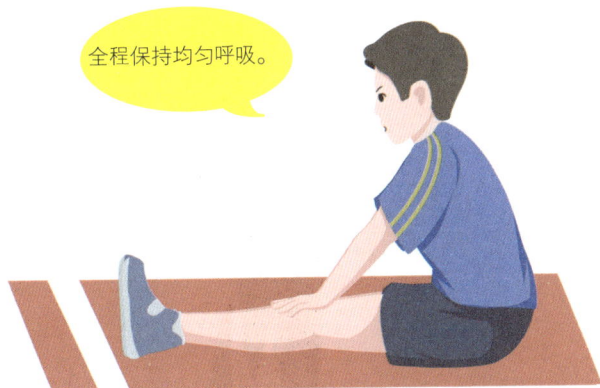

训练目标　起跑、快速反应能力
所需器材　胶布

要点提示

● 可经非优势侧向后转身，同时优势脚蹬地，对侧脚向前迈步，优势臂向前摆，对侧臂向后摆，快速起跑。

用胶布标记起跑线和终点线。背对起跑线，自然站立于起跑线后。听到起跑信号后迅速向后转身，向终点线奔跑。从起点线冲刺至终点线为完成1次。完成规定的次数。

● 坐姿起跑

全程保持均匀呼吸。

训练目标　起跑、快速反应能力
所需器材　胶布

用胶布标记起跑线和终点线。面对起跑线，坐在起跑线后的地面上，双腿向前伸直。听到起跑信号后迅速起身，向终点线奔跑。从起点线冲刺至终点线为1次。完成规定的次数。

要点提示

● 从坐姿起身时，可屈曲优势腿，用优势手和优势脚撑地，身体向优势侧倾斜，然后在起身至一半时，优势脚蹬地，对侧脚向前迈步，同时优势臂向前摆，对侧臂向后摆，快速起跑。

● 碎步跑

训练目标	灵敏性
训练部位	全身
所需器材	无
主要肌肉	下肢肌群

要点提示

● 运动过程中，脚不要拖地，注意使髋关节、膝关节和踝关节协同发力。

1

身体呈运动姿站立，双脚间距略比肩宽，手臂呈前后摆臂状，重心位于支撑脚前脚掌。

2

保持背部挺直，进行碎步跑。手臂始终保持较低的摆动频率。控制脚步由慢变快，直至达到最快速度，并尽可能保持最快速度几秒再减速。注意保持上下肢的协调。完成规定的时间。

● 军步-原地

训练目标　强化基本动作模式
训练部位　臀部、腿部
所需器材　无
主要肌肉　下肢肌群

要点提示

- 核心收紧。
- 尽量使大腿与地面平行。
- 动作速度要快。

1

双脚开立，小于肩宽，背部挺直，核心收紧，双臂自然垂于身体两侧。

全程保持均匀呼吸。

2

屈髋屈膝，抬起一侧腿至大腿几乎与地面平行，自然摆臂，呈踏步姿势，前脚掌向下用力蹬地，同时换对侧腿抬起。两腿交替进行，完成规定的次数。

● 横向-交换跳-呈稳定性支撑

训练目标 **爆发力、稳定性**
训练部位 **下肢、核心**
所需器材 **无**
主要肌肉 **下肢肌群、核心肌群**

1

身体呈单腿运动姿。背部挺直，核心收紧，双臂伸直收于身体两侧。

要点提示

● 跳跃过程中，背部挺直，膝盖和脚尖一致向前。

跳跃时呼气或屏气，落地时吸气。

2

支撑脚用力蹬地，向支撑脚脚踝内侧跳起，同时双臂快速向上摆动。对侧腿落地支撑，呈单腿运动姿，注意膝盖不要超过脚尖，并保持身体平衡。回到起始姿势，完成规定的次数。换对侧重复。

● 跳远

训练目标　力量、爆发力

训练部位　下肢

所需器材　无

主要肌肉　下肢肌群

要点提示

- 起跳时，蹬地快速有力，腿蹬和手摆协调。
- 起跳后，身体在空中应充分伸展。
- 把握好双腿前伸的时机，落地后身体向前不向后。

1 双脚开立与肩同宽，挺胸直背，双臂自然垂于身体两侧。保持核心收紧，双臂上摆的同时脚跟抬离地面，用前脚掌撑地。

下蹲时吸气，跳起时呼气。

2 快速屈髋屈膝下蹲，双臂同时快速下摆。然后伸髋伸膝，双脚蹬地发力，向前向上跳起，同时双臂上摆，身体充分伸展。通过最高点后下落时，双腿迅速向前伸。落地时，屈髋屈膝缓冲。回到起始姿势。完成规定的次数。

● 单脚跳－双脚落地

训练目标　力量、爆发力
训练部位　下肢
所需器材　无
主要肌肉　下肢肌群

1

身体呈单腿运动姿，双臂收于身体两侧。

要点提示

● 保持核心收紧。

跳起时呼气。

2

躯干前倾，双臂后摆，然后双臂迅速上摆，支撑脚蹬地，伸髋伸膝，向上向前跳起。

3

双膝微屈，以双脚落地，呈基本运动姿。换对侧重复，完成规定的次数或距离。

● 交替分腿蹲

蹲起时呼气，下蹲时吸气。

1 身体呈直立姿。双脚开立，略小于肩宽，挺胸直背，双手叉腰。

2 一侧脚向前迈出一步，降低重心，呈分腿蹲姿势。前侧脚蹬地发力，回到起始姿势，换对侧重复。两侧交替进行，完成规定的次数。

其他角度展示

训练目标 **力量**　　　　所需器材 **无**

训练部位 **腿部、臀部**　　主要肌肉 **下肢肌群**

要点提示

- 动作过程中，躯干处于中立位，背部挺直，前侧腿屈膝屈髋约 90 度。
- 交替分腿蹲过程中，膝盖和脚尖一致向前。

● 锥桶–交换跳

1

双脚开立，约与肩同宽，背部挺直，双臂自然垂于身体两侧，面向锥桶站立。

训练目标　灵敏性、爆发力
训练部位　臀部、腿部
所需器材　锥桶
主要肌肉　下肢肌群

2

屈髋屈膝后，双脚蹬地，跳过第1个锥桶。

3

单脚落地，屈髋屈膝缓冲后迅速跳过第2个锥桶。

全程保持均匀呼吸。

4

单脚落地，屈髋屈膝缓冲后迅速跳过第3个锥桶。双脚落地，屈髋屈膝缓冲，然后站直。回到起始位置，完成规定的次数或距离。

要点提示

- 核心收紧，背部挺直。
- 落地后迅速起跳，尽可能保持动作连贯。

● 俯卧爆发式后踢腿

訓練目标　**爆发力**

訓練部位　**核心、肩部、腿部**

所需器材　**瑜伽垫**

主要肌肉　**肩部肌群、核心肌群、股四头肌**

1 身体呈四点支撑姿势。双臂伸直，双手分开，约与肩同宽，支撑在垫子上。双腿微屈，双脚脚尖撑地。

2 保持核心收紧，双手触地，身体重心前移，双脚蹬地，依次离开垫子，并向上踢。

3 双腿微屈，依次轻轻落地，回到起始姿势。重复向上踢腿的动作，完成规定的次数。换对侧重复。

要点提示

● 在保证动作正确的前提下，尽量向更高处踢，注意保持核心收紧。

● 栏架–双脚纵向跳

训练目标　爆发力、稳定性
训练部位　臀部、腿部
所需器材　栏架
主要肌肉　下肢肌群

1

身体呈直立姿势，面向栏架站立，双脚分开，约与肩同宽，双臂举过头顶，核心收紧，背部挺直。

要点提示

● 整个动作过程中保持核心收紧，背部挺直。

● 以手臂带动双腿快速蹬地发力，伸髋伸膝，完成起跳。

● 蹬地动作快速有力，腿和手臂要协调，身体充分用力，强调离地时前脚掌瞬间蹬地的动作。

● 起跳后，身体充分伸展，跳至最高点。

● 落地后注意缓冲，身体保持稳定。

手臂向下摆动，预蹲时吸气。起跳前微微憋气准备发力。

2

屈髋屈膝，快速下蹲，双臂快速下摆至体后。然后双臂快速上摆，快速伸髋伸膝，双脚蹬离地面，向前跳过栏架。

3

落地时屈髋屈膝缓冲，同时双臂下摆至体后。保持落地姿势1~2秒。回到起始姿势，完成规定的次数。

74

● 栏架–双脚横向跳

训练目标　爆发力、稳定性
训练部位　臀部、腿部
所需器材　栏架
主要肌肉　下肢肌群

要点提示

- 整个动作过程中保持核心收紧，背部挺直。
- 以手臂带动双腿快速蹬地发力，伸髋伸膝，完成起跳。
- 蹬地动作快速有力，腿和手臂要协调，身体充分用力，强调离地时前脚掌瞬间蹬地的动作。
- 起跳后，身体充分伸展，跳至最高点。
- 落地后注意缓冲，身体保持稳定。

1 身体直立，侧对栏架站立，双脚分开，约与肩同宽，双臂举过头顶，核心收紧，背部挺直，挺胸抬头，目视前方。

手臂向下摆动，预蹲时呼气。起跳前微微憋气准备发力。

2 屈髋屈膝快速下蹲，双臂快速下摆至体后。然后双臂快速上摆，快速伸髋伸膝，双脚蹬离地面，侧向跳过栏架。

3 落地时屈髋屈膝缓冲，同时双臂下摆至体后。保持落地姿势1~2秒。回到起始姿势，完成规定的次数。

● 栏架–交换纵向跳

训练目标　**爆发力、平衡性**

训练部位　**臀部、腿部**

所需器材　**栏架**

主要肌肉　**下肢肌群**

1

身体面向栏架单脚站立，核心收紧，背部挺直。屈髋屈膝下蹲，双臂下摆至体后。

要点提示

- 核心收紧，背部挺直。
- 动作速度要快。
- 膝盖与脚尖方向保持一致。

起跳时呼气。

2

双臂快速上摆，同时快速伸髋伸膝，单脚蹬离地面，向前跳过栏架，对侧脚落地，同时屈髋屈膝，双臂后摆。保持落地姿势1~2秒，然后双脚站立。回到起始姿势，换对侧重复。两侧交替进行，完成规定的次数或按上述动作标准，跳过规定个数的栏架。

● 栏架–纵向高抬腿–一次一步

1 将3个栏架纵向排列，面向第1个栏架站立，屈髋屈膝，双脚分开，间距约等于肩宽，双臂屈曲于体侧，核心收紧，背部挺直。

2 一侧手臂迅速上摆，同时另一侧脚尽量上抬，并向前跨过第1个栏架。

3 跨过栏架的脚着地后，下肢肌肉协同发力，迅速蹬地，同时对侧脚上抬并向前跨过第2个栏架。

4 跨过栏架的脚着地后，下肢肌肉协同发力，迅速蹬地，对侧脚上抬并向前跨过第3个栏架。

全程保持均匀呼吸。

5 跨过3个栏架后，双脚依次着地，保持落地姿势1~2秒。回到起始姿势，完成规定的次数或按上述动作标准，跨过规定个数的栏架。

训练目标 **爆发力、协调性、灵敏性**

训练部位 **臀部、腿部**

所需器材 **栏架**

主要肌肉 **下肢肌群**

要点提示

- 核心收紧，背部挺直。
- 逐个跨过栏架的速度要快。
- 重心靠前，前脚掌蹬地的速度要快。
- 手臂协调摆动。

● 栏架–纵向高抬腿–一次两步

1

将3个栏架纵向排列，面向第1个栏架站立，双脚分开，约与肩同宽，双臂垂于体侧，核心收紧，背部挺直。

2 一侧脚上抬，对侧手臂前摆，对侧脚蹬地跳起。上抬脚落至第1个栏架前，换对侧重复动作，向前跨过第1个栏架。

3 跨过第1个栏架后，换对侧重复动作，3 向前跨过第2个栏架。

全程保持均匀呼吸。

4 跨过第2个栏架后，换对侧重复上述动作，向前跨过第3个栏架。

5 跨过3个栏架后，双脚依次着地，回到起始姿势。完成规定的次数或按上述动作标准，跨过规定次数的栏架。

要点提示

- 核心收紧，背部挺直。
- 逐个跨过栏架的动作要连贯。
- 重心靠前，前脚掌蹬地的速度要快。
- 手臂协调摆动。

训练目标　爆发力、协调性、灵敏性

训练部位　臀部、腿部

所需器材　栏架

主要肌肉　下肢肌群

● M形冲刺

訓練目標 **灵敏性**　所需器材 **锥桶**

訓練部位 **全身**　　主要肌肉 **下肢肌群**

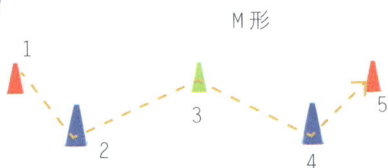

M形

要点提示

● 冲刺过程中，始终面朝一个方向。

● 后退跑时，保持稳定，防止摔倒。

1

在地上放置2排锥桶，一排2个，另一排3个，使5个锥桶的连线为M字形，并用1~5的数字为其编号。站在1号锥桶旁。

全程保持均匀呼吸。

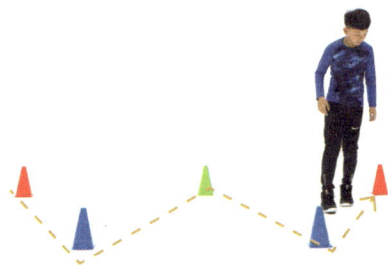

2

向侧前方跑到2号锥桶并从前方绕过2号锥桶，随后倒退跑向3号锥桶并从后方绕过3号锥桶。以此类推，按照M字形顺序分别跑向每个锥桶。完成规定的次数。

第5章

坐位体前屈测试

5.1 认识坐位体前屈测试

坐位体前屈测试能反映个体的关节灵活性，肌肉和韧带的弹性、伸展性，是综合评价柔韧性的常用指标之一。柔韧性是身体素质和形成运动技能的基础，且贯穿整个儿童和青少年时期。在坐位体前屈测试中，学生的双腿和双臂均需伸直，双脚踩测试纵板，身体前屈，手匀速推游标，直至极限，此时游标对应的读数即为坐位体前屈测试成绩。需要注意的是，在开始测试时，测试纵板内沿平面对应0刻度，靠近学生的一侧为负值，远离学生的一侧为正值。一般来说，个体缺乏锻炼、体质健康水平下降大多是从柔韧性变差开始的，因此，坐位体前屈测试成绩的变化能在一定程度上反映学生的体育锻炼情况。

◎ 影响因素

柔韧性是影响坐位体前屈测试成绩的主要因素。

● 柔韧性

柔韧性指人体在运动过程中完成大幅度动作的能力，其受关节本身的结构特征、关节周围组织的体积和跨关节的韧带、肌腱、肌肉及皮肤的伸展性等因素的影响。小腿和大腿后侧、臀部和脊柱周围的肌肉、韧带等结缔组织的伸展性和腹部组织的体积都会影响身体的柔韧性，从而影响上半身向前屈的幅度。而上半身向前屈的幅度对坐位体前屈测试成绩的高低有决定性的影响。

◎ 测试规则

① 坐于垫上，双脚完全踩在测试纵板上，调整身体位置，使双腿伸直并全程保持。

② 双臂向前伸直，双手带动躯干逐渐向前移动，用双手中指指尖将标尺上的游标缓慢地推向前方，直至极限。

双腿全程伸直，膝盖不要弯曲。

◎ 要点提示

● 测试前准备

1 测试前应进行充分的热身，适当拉伸肢、下背部和肩部的肌肉。

2 身穿宽松的服装。

● 测试时注意

1 测试时，双脚抵在纵板的最外侧，膝盖不要弯曲。

2 肩部柔韧性较好的学生可使用双臂伸直且双手交叉的姿势。

3 预拉伸并深吸气，然后缓慢呼气并向前俯身，双手缓慢、匀速地向前推游标，不可猛推。

4 测试时，双手均应接触游标。

NO!

不要单手接触游标   不要弯曲膝盖

5.2 坐位体前屈测试针对性提升训练

◎ 综合训练指导

柔韧性训练对于提高坐位体前屈测试成绩来说是必不可少的。进行柔韧性训练之前，一定要进行热身，以提高肌肉的温度，降低其粘滞性，从而提升训练效果并预防损伤。进行柔韧性训练时，要使主要肌肉有轻度至中度的牵拉感，并且逐步增大拉伸幅度。非常重要的一点是，柔韧性训练效果的保持时间较短，要想有效改善柔韧性或维持现有的柔韧性，最好每天都进行柔韧性训练。此外，学生经常久坐，髋屈肌长期处于缩短的状态，因此还要重视对身体前侧肌肉的拉伸，从而避免肌肉柔韧性不佳和力量的不均衡导致的发育异常。例如，对臀部肌肉和大腿后侧肌肉进行拉伸后，还要对髂腰肌、大腿前侧肌肉进行拉伸，以保证骨盆区域前后肌肉的平衡发展。

◎ 典型问题与解决建议

● 柔韧性差

与坐位体前屈测试成绩相关度较高的是足底、小腿后侧、大腿后侧、下背部和肩部的柔韧性，教师应指导学生进行有针对性的练习。

◎ 其他注意事项

尽量避免久坐。无论是坐着学习还是进行休闲活动，教师或家长每过一个小时就要提醒学生起身活动几分钟。此外，腹部脂肪堆积较多的学生要合理控制饮食，同时多进行身体活动，以适当减轻体重，改善腹部脂肪堆积的情况。

训练目标 柔韧性
训练部位 足底筋膜
所需器材 筋膜球、瑜伽垫
主要肌肉 无

● 筋膜球-足底

保持均匀呼吸。

单腿站立，将非支撑脚置于筋膜球上。非支撑脚前后、左右移动，让筋膜球按压足底所有区域。完成规定的时间。换对侧重复。

要点提示

● 通过调整身体重心来控制按压力度。应使用适中的力度按压。力度太小，按压效果较差；力度太大，会带来不适感甚至造成损伤。

● 坐姿转体拉伸

保持均匀呼吸。

训练目标 柔韧性
训练部位 背部、臀部
所需器材 瑜伽垫
主要肌肉 腰方肌、竖脊肌、臀中肌

1 坐在瑜伽垫上，双腿伸直，双手撑在身体后侧。

2 一侧腿屈膝，跨过对侧腿，踝部抵在对侧腿膝关节外侧。躯干向屈膝腿一侧旋转，对侧手臂抵在屈膝腿膝关节外侧。躯干继续向后转动，直至目标肌肉有一定的牵拉感。保持该姿势至规定时间，回到起始姿势。换对侧重复。

要点提示

● 颈部、肩部放松。

● 腘绳肌球式拉伸

训练目标 **柔韧性**

训练部位 **腿部、背部**

所需器材 **药球**

主要肌肉 **腘绳肌、竖脊肌**

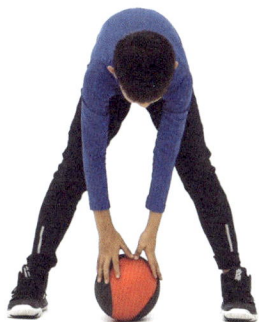

1

双脚开立，大于肩宽，躯干屈
曲，双手持药球于两脚间。

随着动作节奏均
匀呼吸。

2

双手滚动药球，使其围绕双脚做8字形运动。滚
球过程中，感受大腿后侧和背部的牵拉感。完
成规定的次数。

要点提示

● 动作过程中，至少一侧腿应保持
伸直。

● 搭档上、下传球

训练目标　柔韧性
训练部位　全身
所需器材　球
主要肌肉　全身

1

两人背对背，均呈直立姿。双脚分开，约与肩同宽，其中一人手持一个球。

要点提示

● 动作不要过快。

保持均匀呼吸。

2

两人腿部保持稳定，同时向下俯身，持球者将球于胯下传给搭档，然后两人同时伸髋直立，身体稍向后仰，持球者双手上举将球从头顶传回给搭档，回到起始姿势。完成规定的次数。

● 早安式弓步

训练目标　柔韧性
训练部位　臀部、腿部
所需器材　无
主要肌肉　臀大肌、腘绳肌

1

身体呈直立姿，双腿开立，距离小于肩宽，挺胸直背，双臂自然垂于身体两侧。

要点提示

● 动作过程中，躯干始终保持直立。

起身时吸气，俯身时呼气。

2

保持一只脚位置不变，另一侧腿向前迈出，屈膝屈髋，呈弓步姿，后侧腿蹬直。

3

俯身至躯干大致与地面平行，双臂自然垂于肩部下方。保持1~2秒，回到起始姿势。完成规定的次数，换对侧重量。

● 恐龙步

训练目标　柔韧性
训练部位　腿部、臀部
所需器材　无
主要肌肉　腘绳肌、臀部肌群

要点提示

● 全程双手抓住小腿，感受大腿后侧的牵拉感。

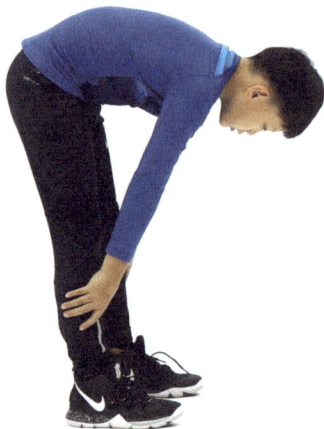

1

身体呈直立姿，双脚开立，与肩同宽，双臂自然垂于身体两侧。俯身，双手分别抓住同侧小腿前侧。

随着动作节奏均匀呼吸。

2

双脚交替前进，完成规定的距离。

● 腘绳肌拉伸

训练目标　**柔韧性**
训练部位　**腿部**
所需器材　**瑜伽垫**
主要肌肉　**腘绳肌**

腿伸直时呼气，还原时吸气。

要点提示

● 非拉伸侧脚全程不离开垫面。

身体呈仰卧姿，一侧腿屈髋屈膝，双手抱住对侧小腿近踝关节处，双手尽可能将该侧腿拉至身前，直至该侧腿的腘绳肌有一定的牵拉感，保持该姿势至规定的时间。换对侧重复。

● 腘绳肌–动态仰卧伸膝

腿伸直时呼气，还原时吸气。

1

2

身体呈仰卧姿，一侧腿自然伸直置于垫上，另一侧腿屈髋屈膝约90度，双手抱住该侧腿的大腿后侧。

双手不动，被抱住的腿伸膝，直至被抱住的腿的腘绳肌有一定的牵拉感。回到起始姿势，完成规定的次数。换对侧重复。

训练目标　**柔韧性**
训练部位　**腿部**
所需器材　**瑜伽垫**
主要肌肉　**腘绳肌**

要点提示

● 拉伸时，拉伸腿尽可能伸直。

臀肌和梨状肌-被动拉伸-仰卧4字形

1

保持均匀呼吸。

仰卧，双腿屈曲，一侧脚置于对侧腿大腿上，双腿呈4字形。双手抱住大腿后侧，将双腿抬离地面。

2

双手并将大腿拉向胸部，直至臀部有一定的牵拉感，保持该姿势至规定的时间。换对侧重复。

其他角度展示（拉伸时）

训练目标　柔韧性
训练部位　臀部
所需器材　瑜伽垫
主要肌肉　臀大肌、梨状肌

要点提示

● 颈部、肩部放松。

● 弹力带-仰卧腘绳肌拉伸

训练目标 柔韧性
训练部位 腿部、臀部
所需器材 瑜伽垫、弹力带
主要肌肉 腘绳肌

1

身体呈仰卧姿势，双腿伸直，将弹力带中段固定在拉伸腿的脚掌处，双手握住弹力带两端，保持弹力带有一定的张力。

保持均匀呼吸。

2

双臂将弹力带向上拉，带动拉伸腿抬起，以拉伸腘绳肌，保持该姿势至规定的时间。换对侧重复。

要点提示

● 拉伸腿尽可能伸直。

● 半跪姿股四头肌和髋屈肌拉伸

1

身体呈半跪姿势，前侧腿屈膝约90度，后侧腿膝盖着地，同侧手握住后侧脚脚背，背部挺直，对侧手臂伸直并举过头顶。

训练目标　柔韧性、平衡性
训练部位　腿部、髋部
所需器材　瑜伽垫
主要肌肉　股四头肌

要点提示

● 保持背部挺直，向前推髋。

拉伸时呼气。

2

后侧腿的同侧手尽量将脚拉向臀部，身体慢慢前倾，直至后侧腿的股四头肌和髋屈肌有一定的牵拉感，该姿势约2秒。回到起始姿势，完成规定的次数。换对侧重复。

● 弓步髂腰肌拉伸

训练目标　柔韧性
训练部位　髋部
所需器材　瑜伽垫
主要肌肉　髂腰肌

均匀呼吸，并随着拉伸幅度增大加深呼吸深度。

在垫上呈半跪姿，背部挺直，双手叉腰。重心前移，直至后侧髂腰肌有一定的牵拉感。保持该姿势至规定的时间，换对侧重复。

要点提示

● 躯干尽可能挺直，身体不向一侧倾斜。

1 分钟跳绳测试

6.1 认识1分钟跳绳测试

1分钟跳绳测试能够反映个体的灵敏性、协调性和下肢力量等身体素质的水平。在1分钟跳绳测试中，学生两人一组，一人测试，一人计数。开始指令发出后，1分钟倒计时启动，测试学生开始跳绳，计数学生开始计数。学生应使用正摇双脚跳绳动作，每跳跃1次且摇绳1周计为1次。1分钟到，停止跳绳和计数，此时计数学生所记录的次数即为测试学生的1分钟跳绳测试成绩。《标准》规定，1分钟跳绳测试具有一定的难度，为小学生体质健康测试的高优指标，也是学生锻炼身体的良好项目。

◎ 影响因素

1分钟跳绳是一个受协调性、速度耐力和灵敏性等因素影响的综合运动项目。

● 协调性

协调性指人体在运动过程中身体各器官、系统在时间和空间上相互配合以完成动作的能力。在快速跳绳时，摇动绳子的上肢与跳跃的下肢协调配合，才能减少失误，从而在1分钟内跳尽可能多的次数。

● 速度耐力

与在50米跑测试中需要尽可能持久地保持较快速度一样，若能在1分钟跳绳测试内一直保持较快的速度，成绩自然会更好，而这需要学生具有较强的速度耐力。

● 灵敏性

灵敏性指个体面对各种突然的变化时，迅速、准确、协调、灵活地完成动作的能力，是个体的各种运动技能和身体素质在运动中的综合表现。当在跳绳的过程中出现较小的失误时，灵敏性较强的个体可以迅速地通过调整身体姿态或跳绳速度来纠正这种失误，从而回到正常的跳绳节奏。

影响1分钟跳绳测试成绩的因素

协调性　　速度耐力　　灵敏性

◎ 测试规则

1 将跳绳调整为适合自己的长度。

2 将跳绳置于身体后方，双手各握一个绳把。然后将双手向前伸，拉紧跳绳，使跳绳的中间部分抵在小腿下侧后方，形成跳绳准备姿势。

3 听到开始信号后，根据自己的熟练度，采用正摇双脚同时跳或正摇双脚交替跳的方式跳绳。每跳跃1次且摇绳1周，计为1次。

4 听到结束信号后，停止跳绳，此时记录的跳绳次数即为1分钟跳绳测试成绩。

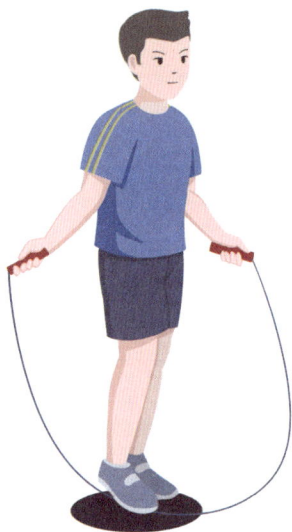

◎ 要点提示

● 测试前准备

1 测试前应进行充分的热身，尤其是手腕和脚踝的热身。

2 穿合适的运动服和跑鞋。

● 测试时注意

1 一定要将跳绳调节至适合自己的长度，手握绳把的中段。

2 跳绳过程中，上臂不要离开躯干，双手应低于肘部。

3 跳起时，双腿不要向后勾。

4 落地时，前脚掌着地且不要停留过长的时间。

5 保持有节奏的呼吸且身心放松，不要过于紧张。

6 失误后迅速调整，不慌不忙，尽快找回自己的节奏。

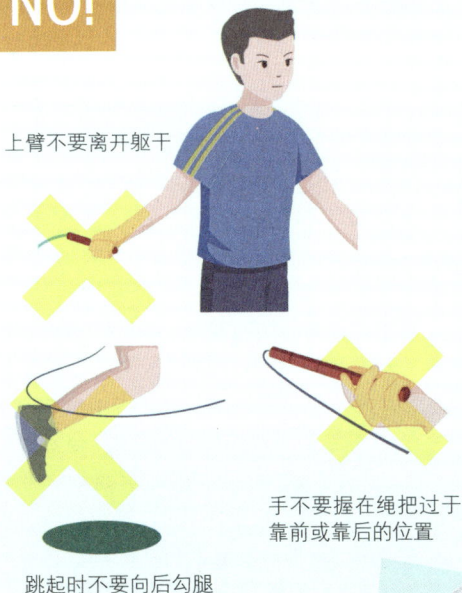

NO!

上臂不要离开躯干

跳起时不要向后勾腿

手不要握在绳把过于靠前或靠后的位置

6.2 1分钟跳绳测试针对性提升训练

◎ 跳绳技术学习

● 调节绳长

双手各握跳绳的一个绳把，一侧脚踩在跳绳的中间，将跳绳的两端拉至腰部以上接近胸部的高度，此为合适的长度。初学者一般使用可以将两端拉至胸部高度的长度的跳绳。

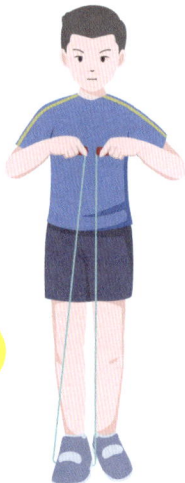

将绳子调节到合适的长度。

● 摇绳

测试时使用有绳把的跳绳，应采用拇指与其他四指分开、自然握住绳把的握法，握住绳把的中段，掌心朝前。上臂紧贴躯干，前臂向外打开，以手腕为轴摇动跳绳。初学者可以先进行单臂摇绳和双臂摇绳练习。

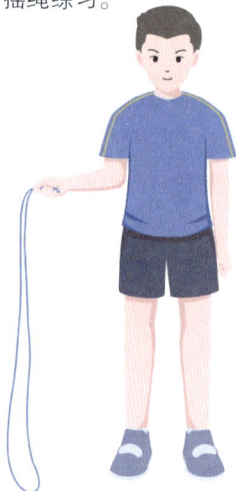

● 纵跳

双脚前脚掌起跳和着地。跳起的高度不宜太高，一般为3~5厘米，跳得太高会影响跳绳的速度，太低则容易失误，以双脚刚能越过跳绳为宜。起跳后，双膝在空中应保持自然放松的状态，无须刻意绷直或弯曲。落地时，双膝稍稍屈曲，以起到缓冲的作用，避免给膝关节过大的负荷。落地后应立即再次起跳。初学者可先进行原地双脚跳和原地双脚交替跳练习。

跳起3~5厘米，落地时双膝微屈。

● 手脚配合

按照摇绳和纵跳的要点进行双臂摇绳和纵跳结合的练习，目的是使手脚协调，把握好起跳时机，即在跳绳触碰地面的时候起跳。

● 跳绳

先进行双脚并脚跳绳练习：双手握绳，从后向前摇绳，跳绳落地前的瞬间双脚同时向上跳，让跳绳从脚下通过。熟练掌握双脚并脚跳绳技术后，可进行双脚交替跳绳练习：双手握绳，从后向前摇绳，跳绳落地前的瞬间双脚交替向上跳，让跳绳从脚下通过。

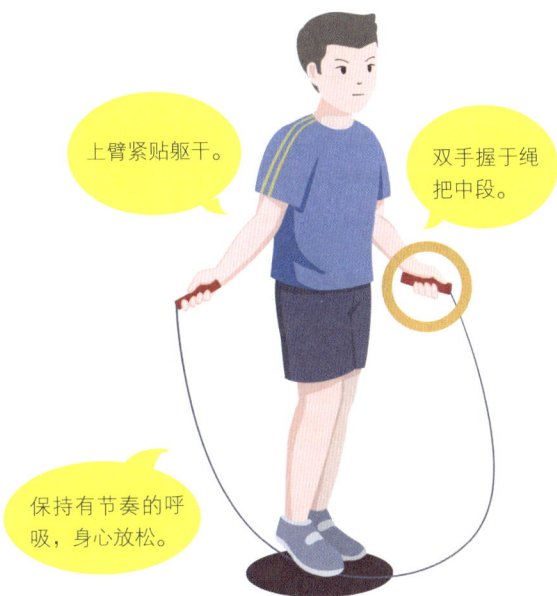

◎ 综合训练指导

提升1分钟跳绳测试成绩以协调性训练为主。协调性较差的学生如果难以完成一些对协调性要求较高的练习，教师可以指导他们先分别练习上、下肢的动作，熟悉以后再将上、下肢结合起来练习。此外，一些节拍类练习有助于增强学生的节奏感，以及提升他们的身体协调性。在训练时，可以根据学生的情况，加快节拍类练习的节奏或故意将节奏打乱，丰富动作的变化，以增强学生的反应能力，这有助于学生在跳绳过程中更快地纠正小失误，保持跳绳的节奏。

此外，在进行跳绳训练时，应有意识地放松上、下肢，增强神经对肌肉的控制，让最佳姿势的完成达到"自动化"的程度。同时，在平时的训练中要留意适合自己的绳长，方便在测试中快速将跳绳调整到最佳长度。还有一个重要的方面就是坦然面对失误，一旦发生失误，应迅速调整好心态，回到之前的节奏，不要陷入对失败的恐惧而将注意力过多地放在动作技术上。

◎ 典型问题与解决建议

● 上臂离开身体、前臂位置过高、手腕外翻、身体歪斜

上臂离开身体、前臂位置过高、手腕外翻、身体歪斜均为学生易出现的摇绳问题，容易导致脚绊绳、过度消耗体力等问题。教师应指导学生进行摇绳练习和手臂力量练习。其中，上臂离开身体这一问题最为常见，推荐使用的纠正办法包括让学生在上臂和躯干之间夹一张纸、将弹力带缠绕在学生上臂处等，以此使学生上臂紧贴躯干，养成正确的习惯。一、二年级学生处于技术学习期，易出现以上问题，但较易集中解决。

● 全脚掌着地、跳得过高、勾脚跳、前后移动

全脚掌着地、跳得过高、勾脚跳、前后移动为学生易出现的纵跳问题，容易导致消耗过多体力、脚勾绳等问题。教师应指导学生进行纵跳练习。教师一定要帮助学生解决全脚掌着地和跳得过高的问题，否则既影响1分钟跳绳测试成绩，还会造成膝盖和脚踝损伤。一、二年级学生处于技术学习期，易出现以上问题，但较易集中解决。

● 垫步跳、手脚不协调

出现垫步跳、手脚不协调问题的学生往往掌握不好跳跃的时机，导致手臂摇绳的动作和双脚起跳的动作不协调。教师应指导学生进行双臂摇绳和纵跳结合的练习、协调性练习，并通过慢速跳绳练习帮助学生改正错误、找到自己的节奏。这类问题一旦定型就较难解决，应尽量在一、二年级阶段予以解决。

● 耐力差

在测试的后半程，耐力较差的学生的跳绳速度往往会明显减慢，导致测试成绩不佳。教师应指导学生一方面学会合理分配体能，以在整个测试过程中保持较快的速度，另一方面进行耐力性练习。在日常训练时，可进行一分半跳绳练习。

● 失误多

失误多既影响跳绳节奏，又影响测试心态，会导致测试成绩大幅下降。教师一定要让学生学会在失误后迅速调整，减少负面影响。同时，可通过100次不间断跳绳、100次限时不间断跳绳等练习训练学生在较快速度下保持较低的失误率。一开始，可将限时不间断跳绳的次数设置为30次，之后逐渐增加。

◎ 针对性提升练习

● 双臂摇绳

训练目标　摇绳技术、力量
所需器材　跳绳

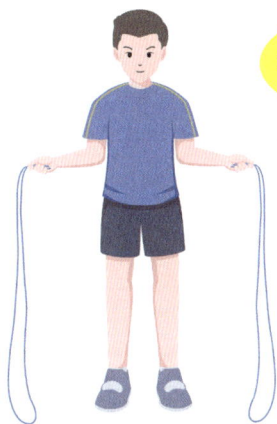

全程保持均匀呼吸。

要点提示

- 以手腕为轴摇绳，手臂保持放松。
- 全程保持上臂贴近躯干。
- 双手摇绳的动作应同步。

站立，双脚分开，约与肩同宽。双臂屈曲约90度，上臂靠近躯干，双手各持一根跳绳。双手以手腕为轴向前摇绳。摇绳一周为完成1次。完成规定的次数。

● 原地双脚交替跳

训练目标　跳跃、跳绳速度
所需器材　无

全程保持均匀呼吸。

一侧脚抬高，对侧脚的前脚掌蹬地，单脚原地起跳。落地时微微屈膝，以缓冲地面的反作用力。随即换另一侧脚的前脚掌蹬地起跳，左右交替，连续跳跃。双腿交替为完成1次。完成规定的次数。

要点提示

- 不用跳得太高，3~5厘米即可。
- 双臂可以配合跳跃的节奏，徒手假装摇绳。
- 全程保持背部挺直、身体稳定。

● 行进双脚并脚跳

站立，双脚并拢，双臂屈曲至90度，上臂自然垂于体侧。双脚前脚掌同时蹬地，向前跳，双臂随之上摆。落地时微微屈膝，以缓冲地面的反作用力，同时双臂向下摆，此为完成1次。落地后随即起跳，连续向前跳跃，完成规定的次数或距离。

要点提示

● 每次跳跃的高度、距离和速度适中，重点是学习和体会跳跃动作。

训练目标　跳跃、速度
所需器材　无

● 行进双脚交替跳

训练目标　跳跃、跳绳速度
所需器材　无

站立，双脚并拢，双臂屈曲至90度，上臂自然垂于体侧。一侧脚抬高，对侧脚的前脚掌蹬地，单脚向前起跳，同时对侧手臂向前摆，同侧手臂向后摆。落地时微微屈膝，以缓冲地面的反作用力。随即换另一侧脚的前脚掌蹬地起跳，左右交替，连续向前跳跃，完成规定的次数或距离。

要点提示

● 每次跳跃的高度、距离和速度适中，重点是学习和体会跳跃动作。

● 标准跳绳

训练目标　协调性、跳绳速度、耐力
所需器材　跳绳、秒表

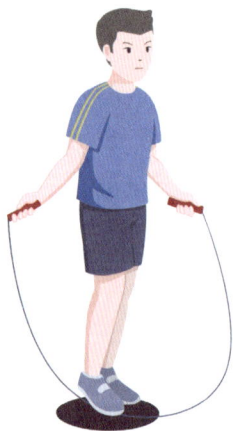

站立，双脚并拢。双手持跳绳绳把的中段，屈肘伸至胸前，将跳绳中段抵在小腿后侧，拉紧跳绳。双手以手腕为轴摇绳。在跳绳被摇至身体前方即将接触地面时，双脚同时跳起，同时摇绳动作不停，让跳绳迅速从脚下通过，双脚落地时跳绳被摇至身体后方。每跳跃1次且摇绳1周为完成1次。完成规定的次数或时间。

要点提示

● 以手腕为轴摇绳，手臂保持放松。
● 全程保持上臂贴近躯干。

● 90秒跳绳

使用标准跳绳姿势，以较快的速度跳绳90秒。

● 慢速跳绳

使用标准跳绳姿势，以较慢的速度完成规定的次数。

● 100次限时不间断跳绳

使用标准跳绳姿势，在规定时间内不间断地完成100次。如在完成100次之前失误，应重新计数。
如未在规定时间内完成100次连续跳绳，应重新进行该练习。

● 单脚跳绳

随着动作节奏均匀呼吸。

单腿站立，一侧腿伸直并支撑于地面，对侧腿屈髋屈膝，脚悬空。双手持跳绳，背部挺直。单脚
跳绳至规定的次数。换对侧重复。

训练目标　平衡性、耐力
训练部位　腿部
所需器材　跳绳
主要肌肉　下肢肌群

要点提示

- 保持动作节奏。
- 一开始进行该练习时，允许学生为了保持平衡而使上臂离开躯干。练习一段时间后，学生应尽可能使上臂贴近躯干。

全程保持均匀呼吸。

1 身体呈直立姿，双脚略分开，双臂微微外展，双手持跳绳。

2 下肢肌肉快速发力，完成1次跳跃。在第2次起跳后腾空的瞬间，双臂在胸前交叉，然后完成第2次跳跃，此为完成1次。完成规定的次数或时间。

训练目标 协调性、灵敏性

训练部位 全身

所需器材 跳绳

主要肌肉 下肢肌群

要点提示

● 跳跃时注意保持身体协调。

● 纵向熊爬

训练目标 **力量、协调性**
训练部位 **全身**
所需器材 **无**
主要肌肉 **全身**

1

身体呈俯撑姿，双臂伸直支撑于地面，双腿屈髋支撑于地面，膝关节微屈，保持核心收紧，面部朝下。

2

一侧脚蹬地，同时对侧手臂向前爬行使身体重心前移。两侧交替进行，完成规定的距离。

全程保持均匀呼吸。

要点提示

● 保持核心收紧。

● 桌式纵向爬行

训练目标 **力量、稳定性、协调性**
训练部位 **全身**
所需器材 **无**
主要肌肉 **全身**

1

身体呈四足跪姿，双臂伸直，双手撑于地面，双腿屈髋屈膝，双膝与地面保持一拳距离，背部挺直，核心收紧，面部朝下。

2

保持双膝离地，对侧肢体交替向前或向后移动。行进规定的距离。

全程保持均匀呼吸。

要点提示

● 核心收紧。
● 重心不要起伏。

● 螃蟹纵向爬行

训练目标 力量、稳定性、协调性
训练部位 全身
所需器材 无
主要肌肉 全身

1

身体呈坐姿，双臂伸直，双手撑于地面，双腿屈髋屈膝，双脚支撑于地面，臀部与地面保持一拳距离，核心收紧，目视前方。

2

保持臀部离地，对侧肢体交替向前或向后移动。完成规定的距离。

要点提示

● 核心收紧。
● 重心不要起伏。

全程保持均匀呼吸。

● 螃蟹横向爬行

訓練目標 **力量、稳定性、协调性**
訓練部位 **全身**
所需器材 **无**
主要肌肉 **全身**

1

身体呈坐姿，双臂伸直，双手撑于地面，双腿屈髋屈膝，双脚撑于地面，臀部与地面保持一拳距离，核心收紧，目视前方。

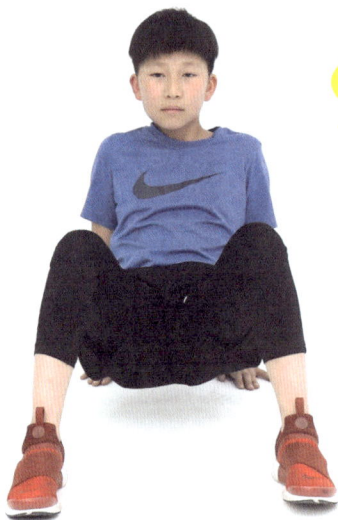

全程保持均匀呼吸。

2

保持臀部离地，抬起对侧的手和脚同时向一侧移动，接着抬另一侧的手和脚跟上。完成规定的距离。

要点提示

● 爬行时保持核心收紧，四肢协调移动。

● 站姿对侧前后手碰脚

全程保持均匀呼吸。

1 身体呈直立姿，双脚开立，大于肩宽，双臂自然垂于身体两侧，保持核心收紧。

2 双脚起跳，同时抬一侧腿屈髋屈膝并用对侧手触碰。接着换对侧重复。

训练目标　灵敏性、协调性

训练部位　全身

所需器材　无

主要肌肉　下肢肌群

要点提示

● 在整个跳跃过程中，上半身保持直立。

3 向后屈膝，用对侧手向后触碰该侧脚，接着换对侧重复。重复前后手碰脚的动作至规定的时间或次数。

107

● 袋鼠式

训练目标 **爆发力**

训练部位 **腿部**

所需器材 **无**

主要肌肉 **下肢肌群、核心肌群**

1

呈基本站姿，双臂屈曲，前臂约与地面平行，双手自然下垂。

跳起时呼气，落地时吸气。

2

俯身前倾，屈髋屈膝，下肢肌肉发力，向前跳跃，然后屈髋屈膝落地。完成规定的次数或距离。

要点提示

● 模仿袋鼠跳跃，注意手臂和双腿的配合。

● 标志棒–向前向后跳

训练目标　**灵敏性**

训练部位　**臀部、腿部**

所需器材　**标志棒**

主要肌肉　**下肢肌群**

1

面向标志棒，双脚开立，与肩同宽，双臂自然垂于身体两侧。

第 6 章　一分钟跳绳测试

要点提示

● 核心收紧。

● 动作连贯、迅速。

● 注意落地时不要踩到标志棒。

全程保持均匀呼吸。

2

屈髋屈膝，下肢肌肉快速发力，双脚蹬地，向前跳过标志棒，落地后迅速向后跳回，此为完成1次。完成规定的次数。

● 标志棒–侧向跳跃

训练目标　灵敏性、爆发力

训练部位　下肢

所需器材　标志棒

主要肌肉　下肢肌群

1

身体呈直立姿，双脚平行于标志棒。双脚分开，约与肩同宽。

全程保持均匀呼吸。

2

屈髋屈膝后下肢肌肉快速发力，双脚蹬地，伸髋伸膝，侧向跳过标志棒，然后跳回起始位置，此为完成1次。完成规定的次数。

要点提示

● 核心收紧。

● 动作连贯、迅速。

● 注意落地时不要踩到标志棒。

● 上下踏板

1 站于踏板前，核心收紧，背部挺直，双手叉腰。

2 一侧腿屈髋屈膝，踏上踏板。

3 前侧腿发力，随即后侧脚踏上踏板。

全程保持均匀呼吸。

训练目标　稳定性、力量

训练部位　心肺功能

所需器材　踏板

主要肌肉　核心肌群

4 双脚交替踏下踏板，回到起始姿势，此为完成1次。完成规定的次数或时间。

要点提示

● 踏上踏板时，核心收紧，躯干不要晃动。

● 基本的单侧引导步

全程保持均匀呼吸。

1 面向踏板自然站立，目视前方，背部挺直。

2 一侧脚踏上踏板，同侧手向前出拳。然后对侧脚踏上踏板，手向前出拳。

训练目标　**协调性**

训练部位　**臀部、腿部**

所需器材　**踏板**

主要肌肉　**下肢肌群**

3 双脚依次回到地面，双臂跟随双脚依次收回，回到起始姿势。完成规定的次数。

要点提示

● 上下踏板时身体朝前，背部挺直，膝盖不要锁死。

● 注意手脚协调，保持一定的动作节奏。

● V形步

1

站在踏板后，目视前方，背部挺直，双臂自然垂于身体两侧。

2

一侧下肢肌肉发力，脚踏上踏板，同时该侧手臂握拳屈肘于胸前。前侧脚支撑于踏板上，后侧脚蹬地踏上踏板，同时该侧手臂握拳屈肘于胸前。

全程保持均匀呼吸。

训练目标 **力量**

训练部位 **臀部、大腿**

所需器材 **踏板**

主要肌肉 **下肢肌群**

要点提示

● 动作过程中，注意手脚协调。

3

双脚依次回到地面，双臂跟随双脚依次收回，回到起始姿势。完成规定的次数。

针对性提升训练方案

7.1 一、二年级针对性提升训练方案设计原则

在本书中，每个年级的训练方案分为上、下学期（每学期共20周）2个部分，且以2周为一个阶段进行规划，因此每个学期的训练方案均包括10个计划。

上学期第1~2周的训练以搭档之间的配合、游戏的形式为主，旨在让身体各项机能逐渐适应训练，运动量较小。第3~6周的训练旨在提升身体的有氧耐力、协调性、反应速度和全身力量等素质，运动量逐渐增大，从而为之后的测试打下良好的基础。第7~10周的训练以跑跳练习为主，运动量进一步增大，重点为发展学生的心肺耐力，因此在这个时期可以根据情况进行肺活量测试。第11~14周的训练重点为发展反应速度、下肢力量和爆发力及优化50米跑测试技巧。第15~18周则是针对协调性、跳绳技巧的练习。整个上学期的所有计划中都包含了一定的针对坐位体前屈的柔韧性练习，因此最后只用了2周时间（第19~20周）专门针对坐位体前屈进行训练，同时这也有助于学生借助拉伸练习更好地放松身心，缓解之前训练积累的疲劳。

上学期

第1~2周
以搭档之间的配合、游戏的形式为主，运动量较小

第7~10周
以跑跳练习为主，重点为发展心肺耐力，运动量较大

第15~18周
主要为针对协调性和1分钟跳绳测试的练习

第3~6周
主要为提升有氧耐力、协调性、反应速度和全身力量的练习，运动量逐渐增大

第11~14周
重点为发展反应速度、下肢力量和爆发力及优化50米跑测试技巧

第19~20周
主要为针对坐位体前屈测试的练习

下学期的训练计划虽然也包含各项测试的技巧性练习，但更多以储备体能为目的。本书将下学期的训练计划分为循序渐进的几个阶段。第1~4周以协调、模仿类练习为主，运动量较小，强度也不大。第5~12周运动量和强度逐渐增大，动作的难度也有所提升，这一阶段的训练以由3个及以上的练习组合成的接力赛形式为主，旨在增强训练的竞争性和合作性，从而调动学生的训练兴趣。第13~20周运动量和强度逐渐减小（但仍高于第1~2周的水平）。下学期的计划均会涉及一项或多项测试的技巧性练习，以发展与测试有关的身体素质。

下学期

第1~4周
以协调、模仿类练习为主，运动量和运动强度都较小

第5~12周
主要采用将3个及以上的练习组合成接力赛的形式，动作难度、运动量和运动强度逐渐增大

第13~20周
运动量和运动强度逐渐减小

一年级上学期训练阶段1（第1~2周）[a]

	练习名称	重复	组数	页码	要点提示
热身	直臂绕环	30秒		162	也可使用节拍口令，动态练习进行4个8拍，静态练习保持2个8拍
	大字两侧屈	30秒	2	161	
	恐龙步	10米		88	无

	练习名称	重复	组数	页码	要点提示
正式	海豹行进	5米		19	在每隔5米的地方放置一个标志物，共放3个。将学生均分为两组，进行接力赛。规则如下。
	坐姿腿屈伸	5米	2	20	1.完成5米的海豹行进、5米的坐姿腿屈伸，到达终点线
	脚跟点步	10米		25	2.以脚跟点步的形式返回队伍末尾

	练习名称	重复	组数	页码	要点提示
放松	猫狗式胸椎伸展	6次		173	
	早安式弓步	10次/侧	1	87	强调目标肌肉有轻微的牵拉感
	跪式起跑者弓步	20秒/侧		172	

[a] 除要点提示中列明了休息时间的练习外，其余练习的间歇时间均为 30~45 秒，可根据训练安排和学生的身体反应确定具体的间歇时间，余同。

一年级上学期训练阶段 2（第 3~4 周）

	练习名称	重复	组数	页码	要点提示
热身	垫步纵向跳	5米		156	
	踝关节八字跳	5米	2	160	无
	振臂跳	5米		159	

	练习名称	重复	组数	页码	要点提示
正式	开合跳	20次		48	设置一条起点线和一条终点线，两线之间相距10米。教师可根据场地大小和学生人数将学生分为几个小组，在终点线处放置若干气球，进行接力赛。规则如下。
	大猩猩纵向爬行	10米	2	49	1.在起点线处完成20次开合跳。
	吹气球	1次		45	2.以大猩猩纵向爬行的动作爬至终点线，并吹起1个气球。
	点步	20次		24	3.完成20次点步，快速跑回队伍末尾

	练习名称	重复	组数	页码	要点提示
放松	树式	30秒		21	
	体侧屈	5次	1	166	强调目标肌肉有轻微的牵拉感
	早安式弓步	5次/侧		87	
	坐姿胫骨前肌拉伸	30秒/侧		172	

一年级上学期训练阶段3（第5~6周）

	练习名称	重复	组数	页码	要点提示
热身	背靠背	3分钟	1	23	将身高、体重相近的两个学生分为一组。所有学生背靠背绕圈行走，持续3分钟，其间教师随机使用口令让学生完成2次搭档坐下起立，共发出10次口令
	搭档坐下起立	20次		32	

	练习名称	重复	组数	页码	要点提示
正式	婴儿纵向爬行	2分钟	2	34	让学生绕圈进行2分钟的婴儿纵向爬行，其间教师随机使用口令让学生定格
	定格	2分钟		35	
	站姿对侧前后手碰脚	10次	3	107	每组练习要求在1分钟内完成，并且利用1分钟内剩下的时间休息，在下一个1分钟开始时开始下一组练习
	双脚前后跳	20次		47	

	练习名称	重复	组数	页码	要点提示
放松	半跪姿股四头肌和髋屈肌拉伸	5次/侧	1	92	强调目标肌肉有轻微或中等的牵拉感
	坐姿转体拉伸	20秒/侧		84	
	腘绳肌-动态仰卧伸膝	6次/侧		89	
	坐姿胫骨前肌拉伸	20秒/侧		172	

一年级上学期训练阶段4（第7~8周）

	练习名称	重复	组数	页码	要点提示
热身	慢跑	20米		50	
	屈髋外旋跳	20米	2	157	无
	振臂跳	10米		159	

	练习名称	重复	组数	页码	要点提示
正式	军步–原地	16次		67	
	标志棒–侧向跳跃	20次	2	110	强调动作质量
	屈膝弓步前平举	16次		51	
	标准深蹲	12次		33	

	练习名称	重复	组数	页码	要点提示
放松	跪式起跑者弓步	30秒/侧		172	
	坐式主动拉伸髋内收肌	30秒	1	171	强调目标肌肉有轻微或中等的牵拉感
	坐姿胫骨前肌拉伸	20秒/侧		172	
	腓肠肌拉伸	30秒/侧		170	

一年级上学期训练阶段 5（第 9~10 周）

	练习名称	重复	组数	页码	要点提示
热身	直臂绕环	30秒	2	162	也可使用节拍口令，动态练习进行4个8拍，静态练习保持2个8拍
	屈髋外旋跳	10米		157	无
	克力欧卡舞/交叉步	10米		164	

	练习名称	重复	组数	页码	要点提示
正式	俯身滚球行进	10米	2	36	设置一条起点线和一条终点线，两线之间相距10米。教师可根据场地大小和学生人数，将学生分为两组，每组一半的人站在起点线处，另一半站在终点线处。在起点线和终点线处放置若干药球、跳绳和气球（已经吹好的），进行接力赛。规则如下。 1.站在起点线处的学生先俯身滚球行进，将球滚至站在终点线的学生面前。 2.在终点线处完成规定次数的单脚跳绳。 3.将放置在终点线处的气球运送回起点线。 4.完成20次屈膝弓步前平举。 5.站在终点线处的学生在同组学生完成第4步后，接力开始练习
	单脚跳绳	20次/侧		101	
	运送气球	10米		46	
	屈膝弓步前平举	20次		51	

	练习名称	重复	组数	页码	要点提示
放松	猫狗式胸椎伸展	6次	1	173	强调目标肌肉有轻微的牵拉感
	腓肠肌拉伸	30秒/侧		170	
	半跪姿股四头肌和髋屈肌拉伸	6次/侧		92	
	坐姿转体拉伸	30秒/侧		84	
	体侧屈	6次		166	

一年级上学期训练阶段 6（第 11~12 周）

	练习名称	重复	组数	页码	要点提示
热身	圆木滚	5米		26	
	转呼啦圈	20次	2	38	无
	恐龙步	10米		88	

	练习名称	重复	组数	页码	要点提示
正式	单脚跳-双脚落地	1次		70	将5个栏架摆成一条直线，相邻的2个锥桶相距0.5米。在最后一个栏架旁摆上排列成M形的5个锥桶，相邻的2个锥桶相距3~5米。学生尽最大努力进行1次单脚跳-双脚落地，跳至一个栏架旁，然后连续进行5次栏架-双脚横向跳，跳过最后一个栏架并平稳落地后，立刻进行M形冲刺
	栏架-双脚横向跳	5次	4~6	75	
	M形冲刺	1次		79	

	练习名称	重复	组数	页码	要点提示
放松	筋膜球-足底	30秒/侧		84	强调目标肌肉有轻微或中度的按压感或牵拉感
	腓肠肌拉伸	30秒/侧		170	
	腘绳肌-动态仰卧伸膝	5次/侧	1	89	
	坐姿转体拉伸	30秒/侧		84	
	跪式起跑者弓步	30秒/侧		172	

一年级上学期训练阶段 7（第 13~14 周）

	练习名称	重复	组数	页码	要点提示
热身	直臂平举转体	10次		163	
	早安式弓步	5次/侧	2	87	也可使用节拍口令，动态练习进行4个8拍，静态练习保持2个8拍
	振臂跳	10米		159	

	练习名称	重复	组数	页码	要点提示
正式	碎步跑	5~10秒		66	让学生以最快的速度进行碎步跑，然后教师使用口令让学生进行20米冲刺跑
	20米冲刺跑	1次	5	62	
	追击游戏	3分钟	1	64	将5~8个学生分为一组，进行3分钟的追击游戏

	练习名称	重复	组数	页码	要点提示
放松	筋膜球-足底	30秒/侧		84	
	弹力带-仰卧腘绳肌拉伸	30秒/侧		91	
	臀肌和梨状肌-被动拉伸-仰卧4字形	20秒/侧	1	90	强调目标肌肉有轻微或中等的按压感或牵拉感
	跪式起跑者弓步	30秒/侧		172	

一年级上学期训练阶段 8（第 15~16 周）

	练习名称	重复	组数	页码	要点提示
热身	恐龙步	10米		88	
	坐姿腿屈伸	10次	2	20	无
	脚跟点步	10米		25	

	练习名称	重复	组数	页码	要点提示
正式	纵向熊爬	10米		103	设置一条起点线和一条终点线，两线之间相距10米。教师按照场地大小和人数将学生均分为几列，所有学生均站在起点线前。终点线处放置若干跳绳和踏板。每列的第一个学生先开始。 1.以纵向熊爬的方式行进至终点线，完成20次上下踏板。 2.以行进双脚交替跳的方式返回起点线，完成20次标志棒–侧向跳跃
	上下踏板	20次	2~4	111	
	行进双脚交替跳	10米		100	
	标志棒–侧向跳跃	20次		110	

	练习名称	重复	组数	页码	要点提示
放松	坐姿转体拉伸	40秒/侧		84	
	弹力带–仰卧腘绳肌拉伸	40秒/侧		91	
	腓肠肌拉伸	30秒/侧	1	170	强调目标肌肉有轻微或中等的牵拉感
	坐姿胫骨前肌拉伸	30秒/侧		172	
	跪式起跑者弓步	30秒/侧		172	

一年级上学期训练阶段 9（第 17~18 周）

	练习名称	重复	组数	页码	要点提示
热身	袋鼠式	10次		108	也可使用节拍口令，动态练习进行4个8拍，静态练习保持2个8拍
	行进双脚并脚跳	10次	2	100	
	点步	20次		24	

	练习名称	重复	组数	页码	要点提示
正式	标准跳绳	30次		100	每进行3次标准跳绳后进行1次交叉跳绳，衔接尽量紧密
	交叉跳绳	10次	3	102	
	90秒跳绳	1次	2	100	在90秒中尽全力跳绳，两组之间休息3~5分钟

	练习名称	重复	组数	页码	要点提示
放松	树式	30秒		21	强调使用腹式呼吸
	筋膜球–足底	30秒/侧		84	
	腘绳肌拉伸	30秒/侧	1	89	强调目标肌肉有轻微或中等的按压感或牵拉感
	坐式主动拉伸髋内收肌	30秒		171	
	跪式起跑者弓步	30秒/侧		172	

一年级上学期训练阶段10（第19~20周）

	练习名称	重复	组数	页码	要点提示
热身	脚跟点步	10米	2	25	也可使用节拍口令，动态练习进行4个8拍，静态练习保持2个8拍
	早安式弓步	10次/侧		87	
	腘绳肌–动态仰卧伸膝	10次/侧		89	

	练习名称	重复	组数	页码	要点提示
正式	腓肠肌拉伸	30秒/侧	2~3	170	强调目标肌肉有轻微或中等的牵拉感
	弹力带–仰卧腘绳肌拉伸	30秒/侧		91	
	臀肌和梨状肌–被动拉伸–仰卧4字形	30秒/侧		90	
	坐式主动拉伸髋内收肌	30秒		171	

	练习名称	重复	组数	页码	要点提示
放松	半跪姿股四头肌和髋屈肌拉伸	9次/侧	2	92	强调目标肌肉有轻微或中等的牵拉感
	坐姿胫骨前肌拉伸	30秒/侧		172	

一年级下学期训练阶段1（第1~2周）

	练习名称	重复	组数	页码	要点提示
热身	慢跑	3分钟	1	50	强调保持正确的跑姿
	胸锁乳突肌和斜方肌主动拉伸	30秒		161	也可使用节拍口令，动态练习进行4个8拍，静态练习保持2个8拍
	直臂绕环	8次		162	
	大字两侧屈	30秒	2	161	

	练习名称	重复	组数	页码	要点提示
正式	海豹行进	5米	2~3	19	设置一条起点线和一条终点线，起点线和终点线相距10米，从起点线开始，以海豹行进的方式行进至中间，然后以圆木滚的方式行进至终点线，再以婴儿纵向爬行的方式返回起点线。返回的过程中教师随机喊出不同定格姿势的口号，让正在做婴儿纵向爬行的学生根据口号立即定格
	圆木滚	5米		26	
	婴儿纵向爬行	10米		34	
	定格	10米		35	

	练习名称	重复	组数	页码	要点提示
放松	肱三头肌–被动拉伸–手臂后伸屈肘后推	20秒/侧	1	165	强调目标肌肉有轻微的牵拉感
	弓步髂腰肌拉伸	20秒/侧		92	
	腘绳肌拉伸	20秒/侧		89	

一年级下学期训练阶段2（第3~4周）

	练习名称	重复	组数	页码	要点提示
热身	慢跑	3分钟	1	50	强调保持正确跑姿
	胸锁乳突肌和斜方肌主动拉伸	30秒		161	也可使用节拍口令，动态练习进行4个8拍，静态练习保持2个8拍
	大字两侧屈	30秒	2	161	

	练习名称	重复	组数	页码	要点提示
正式	转呼啦圈	1分钟	2~3	38	指导学生两两一组，每组相距1米左右，每组有1个呼啦圈、1个瑞士球和1个踏板。设置一条起点线和一条终点线，两线相距10米。教师可根据场地大小和学生人数，让几组学生站在起点线前，剩下的学生按组排在后面。 1.1名学生转呼啦圈，另一名学生进行上下踏板练习，两人一起开始，一起结束，共进行30秒。 2.两名学生都站在平地上，进行10次搭档抛接瑞士球。 3.之前转呼啦圈的学生进行上下踏板练习，另一名学生进行转呼啦圈练习，进行30秒。 4.两人一起进行单脚跳–双脚落地练习，跳至终点线
	上下踏板	1分钟		111	
	搭档抛接瑞士球	10次		37	
	单脚跳–双脚落地	10米		70	

	练习名称	重复	组数	页码	要点提示
放松	弓步髂腰肌拉伸	20秒/侧	1	92	强调目标肌肉有轻微的牵拉感
	腘绳肌拉伸	20秒/侧		89	
	腓肠肌拉伸	20秒/侧		170	
	坐姿胫骨前肌拉伸	20秒/侧		172	

一年级下学期训练阶段 3（第 5~6 周）

	练习名称	重复	组数	页码	要点提示
热身	垫步纵向跳	10米		156	无
	开合跳	10次	2	48	
	振臂跳	10米		159	

	练习名称	重复	组数	页码	要点提示
正式	脚跟点步	10米		25	1.将5个锥桶摆成M形，每个锥桶之间相距约5米，每个锥桶的右边都摆放一根标志棒。将学生按情况均分为两组，每组都需有一条M形标志路线。
	标志棒-向前向后跳	25次	2~3	109	2.在每个锥桶边上都需完成5次标志棒-向前向后跳，在第1个和第2个锥桶、第3个和第4个锥桶之间以脚跟点步的方式行进，在第2个和第3个锥桶、第4个和第5个锥桶之间以慢跑的方式行进。到达第5个锥桶后，以M形冲刺的方式返回另1个锥桶。
	慢跑	10米		50	3.两组同时开始，当前一名学生行进到第3个锥桶的时候，同组的下一名学生开始
	M形冲刺	1次		79	

	练习名称	重复	组数	页码	要点提示
放松	弓步髂腰肌拉伸	20秒/侧		92	强调目标肌肉有轻微的牵拉感
	坐姿转体拉伸	20秒/侧	1	84	
	腘绳肌拉伸	20秒/侧		89	
	坐姿胫骨前肌拉伸	20秒/侧		172	

一年级下学期训练阶段4（第7~8周）

	练习名称	重复	组数	页码	要点提示
热身	慢跑	10米	2	50	无
	屈髋外旋跳	10次		157	
	振臂跳	10次		159	

	练习名称	重复	组数	页码	要点提示
正式	标准跳绳	20次	2~3	100	每个练习都应在1分钟内完成，剩下的时间用来休息。1分钟结束后，立刻进行下一个练习
	交替分腿蹲	6次		71	
	军步–原地	20次		67	
	开合跳	10次		48	

	练习名称	重复	组数	页码	要点提示
放松	跪式起跑者弓步	20秒/侧	1	172	强调目标肌肉有轻微的牵拉感
	坐式主动拉伸髋内收肌	30秒		171	
	坐姿胫骨前肌拉伸	20秒/侧		172	
	腓肠肌拉伸	20秒/侧		170	

一年级下学期训练阶段5（第9~10周）

	练习名称	重复	组数	页码	要点提示
热身	标准深蹲	4次	2	33	将学生平均分成4组，给每组取一个蔬菜或水果的名字，让学生记住。每次被叫到名字的小组的学生做4次标准深蹲
	直臂绕环	30秒	1	162	也可使用节拍口令，进行4个8拍
	螃蟹纵向爬行	10米	2	105	无

	练习名称	重复	组数	页码	要点提示
正式	转呼啦圈	10次		38	1.将学生分成两组，进行接力赛。2.在场地中设置3个点，第1个点为起点，在第2个点放置呼啦圈，在第3个点放置药球，3个点及其连线构成等边三角形，每两个点之间相距10米。3.学生以最快的速度从第1个点跑到第2个点，先转10次呼啦圈，然后跑到第3个点，以俯身滚球行进的方式将药球滚至起点，与同组的下一名学生完成6次搭档上、下传球
	俯身滚球行进	10米	2~3	36	
	搭档上、下传球	6次		86	

	练习名称	重复	组数	页码	要点提示
放松	猫狗式胸椎伸展	6次		173	强调动作与呼吸的配合
	肩部拉伸	20秒/侧		167	
	跪式起跑者弓步	30秒/侧	1	172	强调目标肌肉有轻微的牵拉感
	臀肌和梨状肌-被动拉伸-仰卧4字形	30秒/侧		90	
	弹力带-仰卧腘绳肌拉伸	30秒/侧		91	

一年级下学期训练阶段6（第11~12周）

	练习名称	重复	组数	页码	要点提示
热身	慢跑	10米	2	50	无
	标准深蹲	4次	3	33	将学生平均分成4组，给每组取一个蔬菜或者水果的名字，让学生记住。每次被叫到名字的小组的学生做4次标准深蹲
	直臂绕环	30秒	1	162	也可使用节拍口令，进行4个8拍

	练习名称	重复	组数	页码	要点提示
正式	栏架–双脚纵向跳	3次		74	将学生分为两组进行接力赛。每组准备3个栏架、1根跳绳。将3个栏架摆成一条直线，在与栏架相距5米处放一根跳绳。从起点开始，学生先双脚跳过3个栏架，再以螃蟹纵向爬行的方式行进至放跳绳的地方，捡起地上的跳绳尽可能快地完成30次标准跳绳，完成后以螃蟹纵向爬行的方式返回。返回时以栏架–纵向高抬腿–一次一步的形式跨过栏架
	螃蟹纵向爬行	10米	2~3	105	
	标准跳绳	30次		100	
	栏架–纵向高抬腿–一次一步	3个栏架		77	

	练习名称	重复	组数	页码	要点提示
放松	猫狗式胸椎伸展	8次		173	强调动作与呼吸的配合
	肩部拉伸	20秒/侧		167	
	臀肌和梨状肌–被动拉伸–仰卧4字形	30秒/侧	1	90	强调目标肌肉有轻微的牵拉感
	跪式起跑者弓步	30秒/侧		172	
	弹力带–仰卧腘绳肌拉伸	30秒/侧		91	

一年级下学期训练阶段 7（第 13~14 周）

	练习名称	重复	组数	页码	要点提示
热身	慢跑	20米	2	50	无
	开合跳	15次		48	
	踢踏步	20次		52	

	练习名称	重复	组数	页码	要点提示
正式	标准跳绳	25次	2~3	100	将学生均分为两组，在起点及距离起点约10米的位置摆放跳绳，每组的第一个学生先在起点完成25次标准跳绳，然后以袋鼠式的方式行进到放置跳绳的位置，完成20次单脚跳绳（一条腿完成10次后再换腿），再以袋鼠式的方式回到起点
	袋鼠式	20米		108	
	单脚跳绳	10次/侧		101	
	运送气球	3~5次	1	46	强调使用腹式呼吸

	练习名称	重复	组数	页码	要点提示
放松	臀肌和梨状肌–被动拉伸–仰卧4字形	30秒/侧	1	90	强调目标肌肉有轻微的牵拉感
	跪式起跑者弓步	30秒/侧		172	
	腓肠肌拉伸	30秒/侧		170	

一年级下学期训练阶段 8（第 15~16 周）

	练习名称	重复	组数	页码	要点提示
热身	慢跑	20米	2	50	无
	开合跳	15次		48	
	克力欧卡舞/交叉步	20次		164	

	练习名称	重复	组数	页码	要点提示
正式	军步–原地	20次	3~5	67	将学生按场地和人数分为若干列站立，让第一排学生先在原地完成20次军步–原地练习，完成的瞬间立刻向前进行20米冲刺跑。当第一排学生跑出去之后，第二排学生可以开始军步–原地练习
	20米冲刺跑	1次		62	
	运送气球	3~5次	1	46	强调使用腹式呼吸

	练习名称	重复	组数	页码	要点提示
放松	坐姿转体拉伸	30秒/侧	1	84	
	跪式起跑者弓步	30秒/侧		172	强调目标肌肉有轻微的牵拉感
	弹力带–仰卧腘绳肌拉伸	30秒/侧		91	

一年级下学期训练阶段 9（第 17~18 周）

	练习名称	重复	组数	页码	要点提示
热身	垫步纵向跳	10米		156	
	振臂跳	10米	1	159	无
	标志棒–侧向跳跃	10次		110	

	练习名称	重复	组数	页码	要点提示
正式	交叉跳绳	20秒		102	将5个锥桶摆放成M形，每个锥桶之间相距约5米。起点设置在第1个锥桶旁，终点为第5个锥桶旁。在起点和终点处各放置一根跳绳。
	M形冲刺	1次	3~5	79	1.在起点处先进行20秒交叉跳绳，结束后立刻进行M形冲刺，在终点处进行30秒标准跳绳。
	标准跳绳	30秒		100	2.完成标准跳绳之后在距终点稍远的位置进行20秒树式练习，调整呼吸。强调使用腹式呼吸。
	树式	20秒		21	注：跳绳速度应尽可能快

	练习名称	重复	组数	页码	要点提示
放松	猫狗式胸椎伸展	30秒		173	
	跪式起跑者弓步	30秒/侧	1	172	强调目标肌肉有轻微的牵拉感
	腘绳肌–动态仰卧伸膝	10次/侧		89	

一年级下学期训练阶段10（第19~20周）

	练习名称	重复	组数	页码	要点提示
热身	垫步纵向跳	10米		156	
	振臂跳	10米	1	159	无
	标志棒–侧向跳跃	10次		110	

	练习名称	重复	组数	页码	要点提示
正式	栏架–双脚纵向跳	3次	3~5	74	
	栏架–交换纵向跳	4次		76	无
	20米冲刺跑	1次	5	62	
	摆动手臂	60秒		63	

	练习名称	重复	组数	页码	要点提示
放松	猫狗式胸椎伸展	8次		173	强调动作与呼吸的配合
	腘绳肌拉伸	35秒/侧		89	
	坐式主动拉伸髋内收肌	35秒	1	171	
	跪式起跑者弓步	35秒/侧		172	强调目标肌肉有轻微的牵拉感
	腓肠肌拉伸	35秒/侧		170	

二年级上学期训练阶段1（第1~2周）

	练习名称	重复	组数	页码	要点提示
热身	胸锁乳突肌和斜方肌主动拉伸	30秒	2	161	也可使用节拍口令，动态练习进行4个8拍，静态练习保持2个8拍
	直臂绕环	30秒		162	
	直臂平举转体	30秒		163	

	练习名称	重复	组数	页码	要点提示
正式	海豹行进	10米	2	19	设置相距10米的起点线和终点线，在终点线处放置两个踏板。将学生平均分为两组，进行接力赛。每组学生依次完成10米的海豹行进练习，在终点线处进行20次的上下踏板练习，然后以纵向熊爬的方式返回起点线。
	上下踏板	20次		111	
	纵向熊爬	10米		103	

	练习名称	重复	组数	页码	要点提示
放松	树式	30秒	1	21	强调目标肌肉有轻微的牵拉感
	早安式弓步	10次/侧		87	
	弓步髂腰肌拉伸	20秒/侧		92	

二年级上学期训练阶段 2（第 3~4 周）

	练习名称	重复	组数	页码	要点提示
热身	直臂绕环	30秒		162	
	踝关节八字跳	5米	2	160	无
	屈髋外旋跳	5米		157	

	练习名称	重复	组数	页码	要点提示
正式	屈膝弓步前平举	20次		51	设置一条起点线和一条终点线，两线相距10米。教师可根据场地大小和学生人数，将学生分为若干队列，在终点线处放置若干气球，进行接力赛。 1.在起点线处完成20次屈膝弓步前平举。 2.以螃蟹纵向爬行的方式行进至终点线，做2次吹气球练习。 3.完成20次踢踏步，快速跑回起点线
	螃蟹纵向爬行	10米	2	105	
	吹气球	2次		45	
	踢踏步	20次		52	

	练习名称	重复	组数	页码	要点提示
放松	猫狗式胸椎伸展	6次		173	
	体侧屈	6次	1	166	强调目标肌肉有轻微的牵拉感
	坐式主动拉伸髋内收肌	30秒		171	
	腘绳肌–动态仰卧伸膝	5次/侧		89	

二年级上学期训练阶段3（第5~6周）

	练习名称	重复	组数	页码	要点提示
热身	直臂绕环	2分钟	1	162	无
	标准深蹲	2次		33	

	练习名称	重复	组数	页码	要点提示
正式	标准跳绳	20次	2	100	每组练习要求在30秒内完成，并且利用30秒内剩下的时间休息，在下一个30秒开始时，开始下一组练习
	标志棒–侧向跳跃	15次		110	
	基本的单侧引导步	10次		112	
	快速反应游戏	2次	1	64	无

	练习名称	重复	组数	页码	要点提示
放松	弓步髂腰肌拉伸	20秒/侧	1	92	强调目标肌肉有轻微的牵拉感
	臀肌和梨状肌–被动拉伸–仰卧4字形	20秒/侧		90	
	弹力带–仰卧腘绳肌拉伸	20秒/侧		91	
	腓肠肌拉伸	20秒/侧		170	

二年级上学期训练阶段 4（第 7~8 周）

	练习名称	重复	组数	页码	要点提示
热身	慢跑	20米		50	
	坐姿腿屈伸	10次	2	20	无
	屈髋外旋跳	10次		157	

	练习名称	重复	组数	页码	要点提示
正式	交替分腿蹲	10次		71	
	标示棒-侧向跳跃	10次	2	110	强调动作质量
	开合跳	15次		48	
	上下踏板	10次		111	

	练习名称	重复	组数	页码	要点提示
放松	半跪姿股四头肌和髋屈肌拉伸	5次/侧		92	
	坐式主动拉伸髋内收肌	30秒	1	171	强调目标肌肉有轻微的牵拉感
	坐姿胫骨前肌拉伸	20秒/侧		172	
	腓肠肌拉伸	20秒/侧		170	

二年级上学期训练阶段 5（第 9~10 周）

	练习名称	重复	组数	页码	要点提示
热身	屈髋外旋跳	10米	2	157	无
	垫步纵向跳	10米		156	
	交替分腿蹲	10次		71	

	练习名称	重复	组数	页码	要点提示
正式	单脚跳–双脚落地	10米	2	70	设置一条起点线和一条终点线，两线相距10米。教师可根据场地大小和学生人数，将学生平均分为两组。在终点线处放置若干跳绳和纸巾，进行接力赛。 1.单脚跳–双脚落地的方式行进至终点线。 2.在终点线处完成40次原地双脚交替跳。 3.跳完后学生将放置在终点线的气球运送回起点线。 4.回到起点线完成20次军步–原地
	原地双脚交替跳	40次		99	
	运送气球	10米		46	
	军步–原地	20次		67	

	练习名称	重复	组数	页码	要点提示
放松	树式	30秒	1	21	强调目标肌肉有轻微的牵拉感
	腓肠肌拉伸	30秒/侧		170	
	半跪姿股四头肌和髋屈肌拉伸	6次/侧		92	
	臀肌和梨状肌–被动拉伸–仰卧4字形	30秒/侧		90	
	体侧屈	6次		166	

二年级上学期训练阶段 6（第 11~12 周）

	练习名称	重复	组数	页码	要点提示
热身	桌式纵向爬行	5米		104	
	交替分腿蹲	10次	2	71	无
	螃蟹横向爬行	5米		106	

	练习名称	重复	组数	页码	要点提示
正式	军步–原地	10次		67	设置一条起点线和一条终点线，两线相距10米，中间放置若干数量的锥桶。将学生均分为两组，站在起点线前，进行接力赛。
	锥桶–交换跳	10米	4	72	1.在起点线处进行10次军步–原地练习。 2.以锥桶–交换跳的方式行进至终点线。
	俯卧爆发式后踢腿	2次/侧		73	3.在终点线处完成俯卧爆发式后踢腿练习后跑回起点线

	练习名称	重复	组数	页码	要点提示
放松	筋膜球–足底	30秒/侧		84	
	腓肠肌拉伸	30秒/侧		170	
	弹力带–仰卧腘绳肌拉伸	30秒/侧	1	91	强调目标肌肉有轻微或中等的按压感或牵拉感
	臀肌和梨状肌–被动拉伸–仰卧4字形	30秒/侧		90	
	弓步髂腰肌拉伸	30秒/侧		92	

二年级上学期训练阶段 7（第 13~14 周）

	练习名称	重复	组数	页码	要点提示
热身	早安式弓步	5次/侧		87	也可使用节拍口令，动态练习进行4个8拍，静态练习保持2个8拍
	交替分腿蹲	10次	2	71	
	克力欧卡舞/交叉步	5米		164	无

	练习名称	重复	组数	页码	要点提示
正式	碎步跑	5~10秒		66	让学生以最快速度进行碎步跑，然后教师使用口令让学生以背身起跑的方式进行50米冲刺跑
	背身起跑	1次	5	65	
	50米冲刺跑	1次		62	

	练习名称	重复	组数	页码	要点提示
放松	筋膜球–足底	30秒/侧		84	强调目标肌肉有轻微或中等的按压感或牵拉感
	弹力带–仰卧腘绳肌拉伸	30秒/侧		91	
	臀肌和梨状肌–被动拉伸–仰卧4字形	30秒/侧	1	90	
	半跪姿股四头肌和髋屈肌拉伸	6次/侧		92	

二年级上学期训练阶段 8（第 15~16 周）

	练习名称	重复	组数	页码	要点提示
热身	螃蟹纵向爬行	10米		105	
	坐姿腿屈伸	10次	2	20	无
	袋鼠式	10次		108	

	练习名称	重复	组数	页码	要点提示
正式	桌式纵向爬行	10米		104	设置一条起点线和一条终点线，两线相距10米。教师根据场地大小和人数将学生均分为若干队列，站在起点线前。终点线处放置若干跳绳和踏板。 1.以桌式纵向爬行的方式行进至终点线，进行20次V形步。 2.以行进双脚并脚跳的方式返回起点线，完成30次标志棒–向前向后跳
	V形步	20次	2~4	113	
	行进双脚并脚跳	10米		100	
	标志棒–向前向后跳	30次		109	

	练习名称	重复	组数	页码	要点提示
放松	坐姿转体拉伸	30秒/侧		84	
	弹力带–仰卧腘绳肌拉伸	30秒/侧		91	
	腓肠肌拉伸	30秒/侧	1	170	强调目标肌肉有轻微的牵拉感
	坐姿胫骨前肌拉伸	30秒/侧		172	
	半跪姿股四头肌和髋屈肌拉伸	8次/侧		92	

二年级上学期训练阶段 9（第 17~18 周）

	练习名称	重复	组数	页码	要点提示
热身	双臂摇绳	10次		99	
	行进双脚交替跳	10米	2	100	无
	垫步直腿跳	10次		158	

	练习名称	重复	组数	页码	要点提示
正式	标准跳绳	30次		100	
	单脚跳绳	10次/侧	3	101	无
	交叉跳绳	10次		102	
	100次限时不间断跳绳	1次	1	101	

	练习名称	重复	组数	页码	要点提示
放松	树式伸展	30秒/侧		22	强调使用腹式呼吸
	筋膜球–足底	30秒/侧		84	
	弹力带–仰卧腘绳肌拉伸	30秒/侧	1	91	强调目标肌肉有轻微的牵拉感
	坐姿胫骨前肌拉伸	30秒/侧		172	
	跪式起跑者弓步	35秒/侧		172	

二年级上学期训练阶段10（第19~20周）

	练习名称	重复	组数	页码	要点提示
热身	慢跑	2分钟	1	50	无
	脚跟点步	10米	2	25	
	早安式弓步	10次/侧		87	

	练习名称	重复	组数	页码	要点提示
正式	筋膜球–足底	30秒/侧	2~3	84	强调目标肌肉有轻微或中等的按压感或牵拉感
	腓肠肌拉伸	30秒/侧		170	
	弹力带–仰卧腘绳肌拉伸	30秒/侧		91	
	臀肌和梨状肌–被动拉伸–仰卧4字形	30秒/侧		90	
	坐式主动拉伸髋内收肌	45秒		171	

	练习名称	重复	组数	页码	要点提示
放松	坐姿胫骨前肌拉伸	35秒/侧	2	172	强调目标肌肉有轻微或中等的牵拉感
	跪式起跑者弓步	35秒/侧		172	

二年级下学期训练阶段 1（第 1~2 周）

	练习名称	重复	组数	页码	要点提示
热身	踝关节八字跳	10米	2	160	设置起点线、中线和终点线（相邻的两条线相距5米）。将学生分为两组，每组站在第一排的学生同时以踝关节八字跳的方式跳至中线，然后排队，以背靠背的形式移动，到达终点线后完成3次搭档坐下起立。最后依次以背靠背、踝关节八字跳的形式返回，回到各自的队伍中
	背靠背	10米		23	
	搭档坐下起立	3次		32	

	练习名称	重复	组数	页码	要点提示
正式	标准跳绳	30次	2~3	100	设置起点线、中线和终点线（相邻的两条线相距5米）。让学生站在起点线处，教师根据场地大小和人数将学生按照一定的列数排好。在起点线、中线处分别放置与列数相同的跳绳和踏板。 1.开始时，第一排的学生在起点线处进行30次标准跳绳，然后以大猩猩纵向爬行的方式行进至中线，在中线处完成10次上下踏板，再以大猩猩纵向爬行的方式行进至终点线，完成10次开合跳。 2.在终点线处进行30秒的树式练习，注意使用腹式呼吸
	大猩猩纵向爬行	10米		49	
	上下踏板	10次		111	
	开合跳	10次		48	
	树式	30秒		21	

	练习名称	重复	组数	页码	要点提示
放松	腓肠肌拉伸	20秒/侧	1	170	强调目标肌肉有轻微的牵拉感
	坐式主动拉伸髋内收肌	20秒		171	
	弓步髂腰肌拉伸	20秒/侧		92	
	肱二头肌拉伸	20秒		169	

二年级下学期训练阶段 2（第 3~4 周）

	练习名称	重复	组数	页码	要点提示
热身	踝关节八字跳	20米		160	设置起点线和终点线，两线相距10米，在终点线处放置若干个球。将学生分为两组，每组站在第一排的学生同时以踝关节八字跳的形式跳至终点线，然后组队，每组拿一个球，进行搭档转体和搭档上、下传球各10次。结束后将球放在原地，以踝关节八字跳的形式返回起点线
	搭档转体	10次	2	28	
	搭档上、下传球	10次		86	

	练习名称	重复	组数	页码	要点提示
正式	大猩猩横向爬行	40米		49	将学生均分为两组进行接力比赛。找10个标志物，摆放成两条M形路线，相邻的标志物的间距约为10米，让学生按照M形路线行进。在第2个标志物处放一根跳绳，在第3个标志物处放置一个踏板。每组从各自路线的第1个标志物处开始，在每个标志物之间以大猩猩横向爬行的方式进行移动。到达第2个标志物处时，在原地进行30次标准跳绳；到达第3个标志物处时，在原地完成10次基本的单侧引导步；到达第4个标志物处时，在原地完成15次开合跳。当前一个学生通过第5个标志物后，下一个学生出发
	标准跳绳	30次		100	
	基本的单侧引导步	10次	3	112	
	开合跳	15次		48	
	战士二式	10次		53	

	练习名称	重复	组数	页码	要点提示
放松	腓肠肌拉伸	20秒/侧		170	强调目标肌肉有轻微的牵拉感
	弹力带-仰卧腘绳肌拉伸	20秒/侧		91	
	弓步髂腰肌拉伸	20秒/侧	1	92	
	肱二头肌拉伸	20秒		169	

二年级下学期训练阶段 3（第 5~6 周）

	练习名称	重复	组数	页码	要点提示
热身	直臂绕环	30秒	1	162	也可使用节拍口令，进行4个8拍
	振臂跳	10米	2	159	无
	屈髋外旋跳	10米		157	

	练习名称	重复	组数	页码	要点提示
正式	坐姿腿屈伸	10米	2~3	20	将学生分为两组，设置相距10米的起点线和终点线，进行接力赛。1.以坐姿腿屈伸的方式到达终点线后，完成30次单脚跳绳（一侧完成15次后再换对侧）。2.以桌式纵向爬行的方式回到起点线，与下一名学生完成6次搭档坐下起立
	单脚跳绳	15次/侧		101	
	桌式纵向爬行	10米		104	
	搭档坐下起立	6次		32	

	练习名称	重复	组数	页码	要点提示
放松	鸟式	20次	1	54	强调使用腹式呼吸
	坐姿胫骨前肌拉伸	20秒/侧		172	
	腓肠肌拉伸	20秒/侧		170	强调目标肌肉有轻微的牵拉感
	腘绳肌拉伸	20秒/侧		89	

二年级下学期训练阶段 4（第 7~8 周）

	练习名称	重复	组数	页码	要点提示
热身	直臂绕环	30秒	1	162	也可使用节拍口令，进行4个8拍
	屈髋外旋跳	10米	2	157	无
	屈膝弓步前平举	16次	1	51	强调动作质量而非速度

	练习名称	重复	组数	页码	要点提示
正式	开合跳	15次	2~3	48	将学生分为两组，将4个标志物摆成T形，相邻标志物间隔10米左右，让所有学生以最下面的标志物（T形下边的点）为起点，进行接力赛。在第2个点（T形上边中间的点）放置2根跳绳，在第3和第4个点（T形上边两端的点）分别放置1个踏板。 1.开始时，学生在起点处完成15次开合跳。 2.跑至第2个点，完成20次交叉跳绳。 3.两组学生分别向左或向右到达第3和第4个点，完成10次基本的单侧引导步。 4.原路返回（经过第2个点回到起点），在起点与下一名学生完成6次搭档俯撑拍手
	交叉跳绳	20次		102	
	基本的单侧引导步	10次		112	
	搭档俯撑拍手	6次		27	

	练习名称	重复	组数	页码	要点提示
放松	鸟式	20次	1	54	强调使用腹式呼吸
	肩部拉伸	20秒/侧		167	
	腓肠肌拉伸	20秒/侧		170	强调目标肌肉有轻微的牵拉感
	臀肌和梨状肌–被动拉伸–仰卧4字形	20秒/侧		90	

二年级下学期训练阶段 5（第 9~10 周）

	练习名称	重复	组数	页码	要点提示
热身	慢跑	5分钟	1	50	开始慢跑，教师随机喊出定格姿势的名字，学生做出相应的定格姿势
	定格	5分钟		35	

	练习名称	重复	组数	页码	要点提示
正式	军步–原地	10次	2~3	67	将10个栏架纵向排列。 1.完成10次军步–原地。 2.以栏架–纵向高抬腿–一次两步的形式跨过4个栏架。 3.以交换纵向跳的形式跳过后面的6个栏架。 4.在跳过最后一个栏架后，以稳定的姿势落地，然后完成1次跳远
	栏架–纵向高抬腿–一次两步	4个栏架		78	
	栏架–交换纵向跳	6个栏架		76	
	跳远	1次		69	

	练习名称	重复	组数	页码	要点提示
放松	树式伸展	30秒/侧	1	22	强调使用腹式呼吸
	弹力带–仰卧腘绳肌拉伸	30秒/侧		91	强调目标肌肉有轻微的牵拉感
	弓步髂腰肌拉伸	30秒/侧		92	
	坐姿转体拉伸	30秒/侧		84	

二年级下学期训练阶段 6（第 11~12 周）

	练习名称	重复	组数	页码	要点提示
热身	慢跑	5分钟	1	50	准备4种颜色的彩带，彩带总数与学生人数相等。将学生均分为4个小组，让他们在手臂上系好对应颜色的彩带，然后围着教师慢跑。教师随机喊出某个颜色，手臂上系着该颜色的彩带的学生完成5次标准深蹲，而其他学生继续慢跑
	标准深蹲	5次		33	

	练习名称	重复	组数	页码	要点提示
正式	标志棒-侧向跳跃	10次	2~4	110	准备2根标志棒和4个栏架。纵向摆放4个栏架，将标志棒放在4个栏架两侧且使其与栏架平行。 1.在标志棒附近完成10次标志棒-侧向跳跃。 2.用栏架-双脚横向跳的方式跳过4个栏架。 3.跳过最后一个栏架后，以稳定的姿势落地，不变换身体的朝向，完成10次双脚前后跳。 4.跳完后完成20米冲刺跑
	栏架-双脚横向跳	4次		75	
	双脚前后跳	10次		47	
	20米冲刺跑	1次		62	

	练习名称	重复	组数	页码	要点提示
放松	树式伸展	30秒/侧	1	22	强调使用腹式呼吸
	坐式主动拉伸髋内收肌	30秒		171	
	弹力带-仰卧腘绳肌拉伸	30秒/侧		91	强调目标肌肉有轻微的牵拉感
	弓步髂腰肌拉伸	30秒/侧		92	

二年级下学期训练阶段 7（第 13~14 周）

	练习名称	重复	组数	页码	要点提示
热身	慢跑	3分钟	1	50	无
	标准深蹲	10次	2	33	
	直臂绕环	30秒	1	162	也可使用节拍口令，进行4个8拍
	大字两侧屈	30秒		161	

	练习名称	重复	组数	页码	要点提示
正式	踢踏步	10次	2~3	52	设置起点线、中线和终点线（相邻的两条线相距5米），在中线处放置若干跳绳，在终点线处放置若干踏板。 1.在起点线处完成10次踢踏步，然后跑至中线。 2.在中线处先后完成50次标准跳绳和30次交叉跳绳，然后跑至终点线。 3.在终点线处完成16次V形步，然后走回起点线处。 4.当前一名学生完成跳绳之后，后一名学生在起点线处开始进行踢踏步练习
	标准跳绳	50次		100	
	交叉跳绳	30次		102	
	V形步	16次		113	

	练习名称	重复	组数	页码	要点提示
放松	腓肠肌拉伸	30秒/侧	1	170	强调目标肌肉有轻微的牵拉感
	坐姿胫骨前肌拉伸	30秒/侧		172	
	坐式主动拉伸髋内收肌	30秒		171	
	坐姿转体拉伸	30秒/侧		84	
	弓步髂腰肌拉伸	30秒/侧		92	

二年级下学期训练阶段 8（第 15~16 周）

	练习名称	重复	组数	页码	要点提示
热身	直臂平举转体	15次	1	163	也可使用节拍口令，进行4个8拍
	标准深蹲	16次	2	33	无
	克力欧卡舞/交叉步	5次		164	

	练习名称	重复	组数	页码	要点提示
正式	标准跳绳	30次	2~3	100	设置相距20米的起点线和终点线。在起点线处依次完成30次标准跳绳和30次交叉跳绳后，立即冲刺跑至20米外的终点线
	交叉跳绳	30次		102	
	20米冲刺跑	1次		62	
	运送气球	3~5次	1	46	无

	练习名称	重复	组数	页码	要点提示
放松	腓肠肌拉伸	30秒/侧	1	170	强调目标肌肉有轻微的牵拉感
	坐姿胫骨前肌拉伸	30秒/侧		172	
	坐式主动拉伸髋内收肌	30秒		171	
	弹力带-仰卧腘绳肌拉伸	30秒/侧		91	
	弓步髂腰肌拉伸	30秒/侧		92	

二年级下学期训练阶段 9（第 17~18 周）

	练习名称	重复	组数	页码	要点提示
热身	屈髋外旋跳	10米	3	157	无
	振臂跳	10米		159	
	交替分腿蹲	10次		71	

	练习名称	重复	组数	页码	要点提示
正式	标准跳绳	1分钟	2~3	100	将5个锥桶摆放成M形，相邻的锥桶之间相距约10米，在第一个锥桶周围准备若干跳绳。 1.尽可能快地完成1分钟标准跳绳。 2.完成标准跳绳后立刻进行M形冲刺。 3.经过最后一个锥桶后，立刻进行20米冲刺跑。 4.跑完后慢跑或慢走回起点，继续下一组练习。慢跑或慢走过程中完成10次摆动手臂练习
	M形冲刺	1次		79	
	20米冲刺跑	1次		62	
	摆动手臂	10次		63	

	练习名称	重复	组数	页码	要点提示
放松	猫狗式胸椎伸展	8次	1	173	强调目标肌肉有轻微的牵拉感
	弹力带-仰卧腘绳肌拉伸	30秒/侧		91	
	臀肌和梨状肌-被动拉伸-仰卧4字形	30秒/侧		90	
	跪式起跑者弓步	30秒/侧		172	

二年级下学期训练阶段10（第19~20周）

	练习名称	重复	组数	页码	要点提示
热身	慢跑	10米	2	50	无
	开合跳	15次		48	
	交替分腿蹲	10次		71	

	练习名称	重复	组数	页码	要点提示
正式	交叉跳绳	30次	2~3	102	设置起点线和终点线。准备跳绳和6个栏架，将跳绳放置在第一个栏架前。 1.在起点线处进行30次交叉跳绳。 2.以栏架–纵向高抬腿–一次一步的方式跨过6个栏架。 3.跨过最后一个栏架时完成20米冲刺跑。 4.慢跑或慢走回到起点线处，继续下一组练习。慢跑或慢走过程中完成10次摆动手臂练习
	栏架–纵向高抬腿–一次一步	6个栏架		77	
	20米冲刺跑	1次		62	
	摆动手臂	10次		63	

	练习名称	重复	组数	页码	要点提示
放松	猫狗式胸椎伸展	8次	1	173	强调目标肌肉有轻微的牵拉感
	腘绳肌拉伸	30秒/侧		89	
	坐式主动拉伸髋内收肌	30秒		171	
	坐姿转体拉伸	30秒/侧		84	
	跪式起跑者弓步	30秒/侧		172	

附录 热身与放松

◎ 热身推荐练习

● 垫步纵向跳

跳跃时呼气或屏气，落地时吸气。

1 身体呈直立姿，双脚开立，略小于肩宽，双臂自然垂于身体两侧。

2 保持躯干挺直，核心收紧，抬一侧腿至大腿与地面接近平行，对侧脚跳起，双臂自然摆动。抬起腿落地时，在前脚掌接触地面的瞬间，迅速跳起，同时身体重心前移，换对侧腿抬起至大腿与地面接近平行。双腿交替进行，完成规定的时间或次数。

训练目标 **热身、协调性、灵活性**

训练部位 **全身**

所需器材 **无**

主要肌肉 **下肢肌群**

要点提示

● 跳跃过程中，膝盖和脚尖一致向前。

● 核心收紧，上身保持稳定。

● 屈髋外旋跳

训练目标 **热身、灵活性、协调性**
训练部位 **髋部、腿部**
所需器材 **无**
主要肌肉 **下肢肌群**

要点提示

● 全程保持背部挺直，核心收紧。

1

身体呈直立姿，双脚开立，略小于肩宽，双手叉腰。

全程保持均匀
呼吸。

2

双脚同时微微起跳，快速抬起一侧腿，屈髋屈膝至身体前方且大腿约平行于地面，然后向外旋髋。落地后，回到起始姿势，紧接着抬起对侧腿完成同样的动作。回到起始姿势，按照同样的标准，两侧交替进行，完成规定的次数或距离。

● 垫步直腿跳

训练目标 **热身、灵活性、协调性**
训练部位 **全身**
所需器材 **无**
主要肌肉 **下肢肌群**

● 跳起过程中，膝盖和脚尖一致向前。

1

身体呈直立姿，双脚开立，略小于肩宽，双臂自然垂于身体两侧。

跳跃、抬腿时呼气，落地时吸气。

其他角度展示（跳起时）

2

保持核心收紧，屈髋伸膝抬一侧腿，同时让对侧手触碰抬起腿的脚尖。抬起腿落地时，在前脚掌接触地面的瞬间，迅速跳起，同时换对侧腿抬起，重复对侧手与脚尖触碰的动作。两侧交替进行，完成规定的次数。

● 振臂跳

训练目标　热身、协调性
训练部位　全身
所需器材　无
主要肌肉　肩部肌群、下肢肌群

1

双脚开立，小于肩宽，双手自然垂于身体两侧，目视前方。

要点提示

● 全程保持核心收紧。

全程保持均匀呼吸。

2

向上跳起，一侧手臂举过头顶，同侧脚向上跳起，对侧腿屈髋屈膝，大腿抬至约与地面平行。

3

换对侧重复。完成规定的次数或距离。

● 踝关节八字跳

训练目标　**热身、灵敏性**

训练部位　**髋部、腿部**

所需器材　**无**

主要肌肉　**下肢肌群**

附录　热身与放松

1

身体呈直立姿，双腿伸直，双脚开立与肩同宽，双臂自然垂于身体两侧。

要点提示

● 保持核心收紧，上身稳定不要晃动。

跳跃时呼气，落地时吸气。

2

保持背部挺直，核心收紧，踝关节发力，双脚交替呈内八字和外八字，向一侧跳动。完成规定的距离。

● 大字两侧屈

训练目标 **灵活性、柔韧性**　　所需器材 **无**

训练部位 **下肢**　　主要肌肉 **下肢肌群**

1

身体呈直立姿势，核心收紧，背部挺直，双脚开立，略宽于肩，双臂伸直，自然垂于身体两侧，挺胸抬头，目视前方。

全程保持均匀呼吸。

2

双臂同时侧平举，呈大字形，躯干前屈并向一侧偏转，一手触摸对侧脚尖，然后换对侧重复。两侧交替进行，完成规定的次数或时间。

要点提示

● 动作过程有控制，不要太快。

● 胸锁乳突肌和斜方肌主动拉伸

训练目标 **柔韧性**　　所需器材 **无**

训练部位 **颈部、背部**　　主要肌肉 **胸锁乳突肌、斜方肌**

2

头最大限度地向一侧旋转，至颈部有一定的牵拉感。换对侧重复。两侧交替进行，完成规定的次数或时间。

1

双脚开立，略小于肩宽，双臂自然垂于身体两侧，目视前方。

要点提示

● 身体直立，不要弓背。

● 直臂绕环

训练目标　灵活性
训练部位　肩部
所需器材　无
主要肌肉　肩部周围肌群

1

身体呈直立姿势，核心收紧，背部挺直，双脚开立，约与肩同宽，双臂伸直，自然垂于身体两侧，挺胸抬头，目视前方。

全程保持均匀呼吸。

2

双臂伸直，先向后向上、再向前向下做绕环动作。回到起始姿势，完成规定的次数或时间。

要点提示

● 手臂向后绕环时，肩胛骨夹紧，手臂伸直。

● 直臂平举转体

训练目标 **灵活性、柔韧性**

训练部位 **胸椎**

所需器材 **无**

主要肌肉 **核心肌群**

1

身体呈直立姿势，核心收紧，背部挺直，目视前方。抬起双臂，使双臂平行于地面，垂直于躯干。

2

躯干向一侧转动90度，回到起始姿势，再向另一侧转动90度，此为完成1次。完成规定的次数或时间。

全程保持均匀呼吸。

要点提示

● 躯干转动时，双脚不要抬起。

● 克力欧卡舞/交叉步

训练目标 **灵敏性、灵活性**

训练部位 **腿部、髋部**

所需器材 **无**

主要肌肉 **下肢肌群、髋部肌群**

1

呈站姿，背部挺直，双脚开立，与髋同宽。抬起双臂，使双臂平行于地面，垂直于躯干。

随着动作节奏均匀呼吸。

2

双腿发力，双脚前后交叉，侧向移动至规定的次数或距离。

要点提示

● 侧向移动时，保持上半身面向正前方。

◎ 放松推荐练习

● 肱三头肌–被动拉伸–手臂后伸屈肘后推

> 拉伸过程中保持呼吸均匀。

1

身体呈直立姿势，背部挺直，双脚间距略小于肩宽，核心收紧，挺胸抬头，目视前方。

2

一侧手臂屈肘，手置于背后，对侧手向后推该侧上臂，直至该侧手臂的肱三头肌有一定的牵拉感，保持该姿势至规定的时间。换对侧重复。

训练目标 **灵活性、柔韧性**

训练部位 **手臂**

所需器材 **无**

主要肌肉 **肱三头肌**

要点提示

● 全程保持拉伸侧手臂大幅度屈曲，背部挺直。

● 体侧屈

训练目标 柔韧性
训练部位 背部、核心
所需器材 无
主要肌肉 背阔肌、腹内斜肌、腹外斜肌

1

身体直立，双脚开立，间距略比肩宽，核心收紧，挺胸抬头，一侧手臂伸直举过头顶，对侧臂屈肘，手叉腰，目视前方。

要点提示

● 骨盆不能发生扭转。

2

躯干向叉腰侧侧屈，伸直的手臂同样向对侧倾斜，掌心朝下，直至目标肌肉有一定的牵拉感。回到起始姿势，换对侧重复。两侧交替进行，完成规定的次数。

侧屈时呼气。

肩部拉伸

全程保持均匀呼吸。

1

呈站姿，背部挺直，双脚开立，与肩同宽或略宽于肩。双手在肩胛骨处触碰，使肩部有一定的牵拉感，保持该姿势至规定的时间。

2

换对侧重复。

训练目标 **柔韧性、灵活性**

训练部位 **肩部**

所需器材 **无**

主要肌肉 **肩部肌群**

要点提示

● 背部尽可能挺直，身体不要向一侧倾歪斜。

● 三角肌后束被动拉伸

训练目标 柔韧性
训练部位 肩部
所需器材 无
主要肌肉 三角肌后束

1

身体直立，双脚开立，间距与肩同宽，核心收紧，挺胸抬头，目视前方。

要点提示

● 拉伸过程中，躯干不要发生旋转。

均匀呼吸，并随着拉伸幅度的增加加深呼吸深度。

2

一侧手臂内收，向对侧侧平举，另一侧肘关节屈曲，锁住伸直的手臂，将其向身体方向拉动，直至三角肌后束有一定的牵拉感，保持该姿势至规定的时间。换对侧重复。

● 肱二头肌拉伸

训练目标 **柔韧性**

训练部位 **手臂**

所需器材 **无**

主要肌肉 **肱二头肌**

1

呈直立姿势，背部挺直，双脚开立，与肩同宽，核心收紧，挺胸抬头，目视前方。

附录 热身与放松

要点提示

● 身体始终面向前方，避免向一侧转动。

2

双臂伸直、外展并后伸，直至肱二头肌有一定的牵拉感，保持该姿势至规定的时间。

● 腓肠肌拉伸

均匀呼吸，并随着拉伸幅度增加加深呼吸深度。

1

身体呈弓步姿，背部挺直，前侧腿屈膝屈髋，后侧腿伸直。

2

躯干保持挺直，身体重心前移，使前侧腿的踝关节背屈，直至后侧腿的腓肠肌有一定的牵拉感，保持该姿势至规定的时间。换对侧重复。

训练目标	**柔韧性**
训练部位	**小腿**
所需器材	**无**
主要肌肉	**腓肠肌**

要点提示

● 后侧腿保持伸直，脚跟不要离地。

● 坐式主动拉伸髋内收肌

训练目标　柔韧性
训练部位　大腿
所需器材　瑜伽垫
主要肌肉　髋内收肌

1

身体呈坐姿，背部挺直。双腿屈膝，双脚脚底相对，双臂自然下垂，双手分别握住同侧踝关节，并将前臂压在同侧大腿的膝关节内侧，目视前方。

胸部向双腿间逐渐靠拢时呼气，在拉伸过程中，保持呼吸均匀。

2

头部、胸部缓慢向双腿间靠拢，直至髋内收肌有一定的牵拉感，保持该姿势至规定的时间。

要点提示

● 保持核心收紧，背部挺直。

附录　热身与放松

其他角度展示

● 跪式起跑者弓步

均匀呼吸，并随着拉伸幅度增大增加呼吸深度。

训练目标　柔韧性
训练部位　髋部
所需器材　瑜伽垫
主要肌肉　髂腰肌

要点提示

● 髋部向前移动，膝盖与脚尖方向一致。

1 身体呈分腿跪姿，一侧腿在前，屈膝约90度，另一侧腿在后，膝盖和脚尖触地，背部挺直，双手置于前侧大腿上，目视前方。

2 髋部向前移动，同时手臂向前下方推前侧腿，直至髋屈肌有一定的牵拉感，保持该姿势至规定的时间。换对侧重复。

● 坐姿胫骨前肌拉伸

均匀呼吸，并随着拉伸幅度的增加加深呼吸深度。

训练目标　柔韧性
训练部位　小腿
所需器材　瑜伽垫
主要肌肉　胫骨前肌

坐于垫上，一侧腿伸直，另一侧腿屈髋屈膝，脚掌接触对侧腿的大腿内侧。一侧手放于伸直腿的小腿上方，该侧踝关节跖屈并内翻至胫骨前肌有一定的牵拉感，保持该姿势至规定的时间。换对侧重复。

要点提示

● 拉伸腿尽量伸直，踝关节跖屈并内翻。

● 猫狗式胸椎伸展

训练目标 **柔韧性、灵活性**
训练部位 **背部、腹部、肩部、胸椎**
所需器材 **瑜伽垫**
主要肌肉 **背阔肌、菱形肌、腹部肌群、肩部肌群**

1

身体呈四足跪姿，双臂伸直，双手撑地，指尖朝前。核心收紧，背部挺直，目视双手。

全程保持均匀呼吸。

2

收腹收臀的同时吸气，胸椎尽可能向上拱起，头向下垂，持续2秒左右。

3

在呼气的过程中，胸椎尽可能向下屈曲，头部抬起，持续2秒左右。完成规定的次数或时间。

要点提示

● 双臂伸直，尽量与地面垂直，双脚脚尖和膝盖触地。

参考文献

[1] 中华人民共和国教育部 . 教育部关于印发《国家学生体质健康标准（2014 年修订）》的通知 [EB/OL].(2014-07-07)[2021-02-20].

[2] 张一民 . 切实提高学生体质健康水平——《国家学生体质健康标准 (2014 年修订)》解读 [J]. 体育教学 ,2014,34(9):5-10.

[3] 王瑞元 , 苏全生 . 运动生理学 [M]. 北京 : 人民体育出版社 ,2011.

[4] 苏平 , 王新国 . 遵循中小学生的生理特征规律提高体育教学效益 [J]. 体育师友 ,2003 (2):9.

[5]BALYI I, WAY R, HIGGS C. Long-Term Athlete Development. Champaign: Human Kinetics, 2013.

[6] 王雄 . 儿童身体训练动作手册 : 拉伸训练 [M]. 北京 : 人民邮电出版社 ,2020.

[7] 医学名词审定委员会 , 运动医学名词审定分委员会 . 运动医学名词 [M]. 北京 : 科学出版社 ,2020.

[8]ROSENTHAL M, BAIN S H, HELMS P, et al. Lung function in white children aged 4 to 19 years: I—Spirometry[J]. Thorax, 1993, 48(9): 794-802.

[9]PERALTA G,FUERTES E,GRANELL R, et al. Childhood body composition trajectories and adolescent lung function: findings from the ALSPAC study[J].American journal of respiratory and critical care medicine,2019(1):75-83.

[10]UBLOSAKKA-JONES C, TONGDEE P, PACHIRAT O, et al. Slow loaded breathing training improves blood pressure, lung capacity and arm exercise endurance for older people with treated and stable isolated systolic hypertension[J]. Experimental gerontology, 2018, 23(3): 48-53.

[11] 郭梅英 , 阎克乐 , 尚志恩 . 放松训练和腹式呼吸对应激的影响 [J]. 心理学报 ,2003,34(9):5-10.

[12] 运动生物力学编写组 . 运动生物力学 : 第 2 版 [M]. 北京 : 北京体育大学出版社 ,2020.

主编简介

王雄

清华大学运动人体科学硕士，体育教育训练学博士，副研究员；国家体育总局训练局体能训练中心创建人、负责人；国家体育总局备战 2012 年伦敦奥运会身体功能训练团队召集人，备战 2016 年里约奥运会身体功能训练团队体能训练组组长；为游泳、排球、乒乓球、羽毛球、体操、跳水、举重和帆板等十余支国家队提供过体能测评和训练指导服务；中国体育科学学会体能训练分会常委，北京体育科学学会体能分会副主任委员，北京体能训练协会常务理事；清华－长三角研究院特聘研究员；《身体功能训练动作手册》和"儿童身体训练动作指导丛书"主编；译有《精准拉伸：疼痛消除和损伤预防的针对性练习》《体育运动中的功能性训练（第 2 版）》《自由风格训练：4 个基本动作优化运动和生活表现》《美国国家体能协会力量训练指南（第 2 版）》等书，在《体育科学》、*Journal of Sports Sciences* 等中外期刊发表文章十余篇；研究方向包括身体训练（专业体能和大众健身）、健康促进工程和青少年体育等。